时尚符号刍议

Introductory Opinions on Fashion Symbols

赵春华◎著

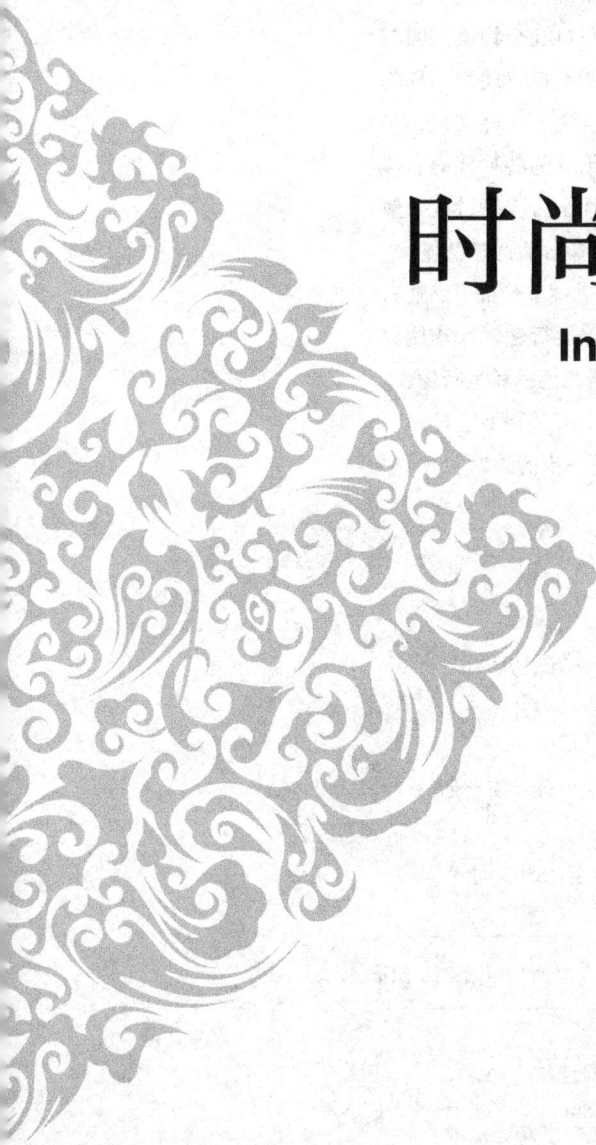

中国纺织出版社有限公司

内 容 提 要

时尚符号是文化、艺术、设计、商业等多元因素的集合，是时尚的重要构成部分。时尚本身是人们对社会物质文明与精神文明的某一时间段崇尚的符号体系，不仅表现为一种物质样式、一种行为方式，更包含着一种意义、一种文化，是随艺术演进、文明进步和商业发展而变化着的各种代码、样式和符号系统。在信息化时代，时尚符号作为传播过程中解码和编码的基本元素，其文化、艺术和商业价值逐渐凸显。

本书以符号学为基础原理，从文化、艺术、传播、商业、社会学等多个视角去解析时尚符号的基础运行逻辑和作用原理，以此明晰该研究方向的本源、框架、研究范围和运行逻辑。该研究拓展传播学的研究范畴，是为推动时尚传播专业建设、创意文化产业和时尚产业的发展做出的进一步的尝试。

图书在版编目（CIP）数据

时尚符号刍议 / 赵春华著 . --北京：中国纺织出版社有限公司，2022.10（2025.8重印）

ISBN 978-7-5180-9848-4

Ⅰ. ①时⋯　Ⅱ. ①赵⋯　Ⅲ. ①流行—符号学—研究　Ⅳ. ①C912.6

中国版本图书馆CIP数据核字（2022）第165950号

责任编辑：段子君　　责任校对：高　涵　　责任印制：储志伟

中国纺织出版社有限公司出版发行

地址：北京市朝阳区百子湾东里 A407 号楼　邮政编码：100124

销售电话：010—67004422　传真：010—87155801

http://www.c-textilep.com

中国纺织出版社天猫旗舰店

官方微博 http://weibo.com/2119887771

北京虎彩文化传播有限公司印刷　各地新华书店经销

2022 年 10 月第 1 版　2025 年 8 月第 2 次印刷

开本：710×1000　1/16　印张：10.75

字数：100 千字　定价：99.00 元

前　言

　　时尚代表了文明的继承与创新，是人类社会物质文明与精神文明发展的集中体现。随着我国经济实力的提升和国际影响力的日益增强，提升中国文化的吸引力、感召力和影响力成为国际传播的重要内容。时尚作为集文化、艺术与商业价值于一体的传播介质，在文化战略中的作用日益凸显。当下，我们急需以时代精神为背景，以中国优秀传统文化的融合创新为视角，提炼中国特色的时尚符号和融通世界的时尚语系。通过时尚符号应用与传播，将民族文化的历史渊源、发展脉络和发展成果展示于各个民族，并将本民族最基本的文化基因、文化的独特创造和价值理念通过各国人民喜闻乐见的形式传播出去，形成文化磁场和文化喜好，这是传播领域极为高级的智力活动。

　　时尚符号是人类智慧、精神风貌、艺术成就与物质繁荣的载体，是文化、艺术、设计、商业等多元因素的集合，是时尚的重要构成部分。时尚本身是人们对社会物质文明与精神文明的某一时间段崇尚的符号体系。它不仅表现为一种物质样式、一种行为方式，更包含着一种意义、一种文化，是随艺术演进、文明进步和商业发展而变化的各种代码、样式和符号系统。时尚符号从人类经验中提取出来，表达着多样化信息，承担着社会编程的责任，它使人类文明风貌和商业逻辑以一种可甄别、可分析、可归纳、可创新的多样化方式呈现。物化的、行为的或观念的时尚符号表征在展示、诉说或影响着人们对政治、历史、文化、宗教、艺术和商业等的理解与认知。在信息化时代，时尚符号作为传播过程中解码和编码的基本元素，其文化、艺术和商业价值逐渐凸显。

本书以符号学为基础原理，从文化、艺术、商业、传播等多个视角解析时尚符号的基本运行逻辑和作用原理，旨在对时尚符号学作初探性的构架，以此明晰该研究方向的本源、框架、研究范围和运行逻辑。该研究有利于拓展传播学的研究范畴，为推动传播学的专业建设、为助力创意文化产业和时尚产业的发展做出进一步的尝试。

本书的出版得到"北京服装学院高水平教师队伍建设专项资金"（编号：BIFTTD202201）和"北京服装学院教材立项项目"（编号：JC-2133）的支持。

在创作本书过程中，承蒙中国传媒大学刘宏教授、田维钢教授和潘可武教授、北京服装学院郭平建教授的指点，在此一并表示感谢！

本书还特别致敬时尚传播学领域的诸位专家与同人。国际视角、高端定位、行业引领、内涵发展，面对诸多挑战，一众同人没有退缩，而是选择拥抱机遇、创造未来。这样的开拓精神令人敬佩，给人以鼓舞。

得益于北京服装学院这块肥沃的学术土壤，本书作者因为机缘巧合，在传播学、新闻学、语言学、营销管理学、跨文化研究和服饰设计等几个领域都有过一定的学习、研究和积累，并从事过部分专业的教学。同时，在学术探索的过程中，还得到过国内不同领域的专家和学者的指点。

因为时尚传播是新兴学科，其理论基础和学科脉络的探寻极为艰难。本书虽然对时尚符号学理论、东方时尚起源进行了梳理，以及对时尚符号与艺术、文化和传播的关系等做了一些原创性的探索和阐释，但也只是一个起点，书中观点还需要不断完善、拓展与深化。希望本书的出版能够引起更多学者对这一领域的关注，吸引更多的有识之士投入这个领域中。

赵春华

于北京

2022 年 6 月

目 录

总　论

　　时尚符号是人类社会文明发展的重要表现形式，是人类智慧、精神风貌、艺术成就与物质繁荣的载体。时尚符号从人类经验中提取出来，表达着多样化的信息，承担着社会编程的责任。物化的、行为的或观念的时尚符号表征在展示、诉说并影响着人们对政治、历史、文化、宗教、艺术和商业等的理解与认知。它让人类文明与商业发展绵延不绝，让人类智慧以高度集中、高度浓缩的样态传承下去，它为人们深刻理解一个民族、区域或国家提供了稳定的、连续的、可追溯可记录的样本。时尚符号可以是哲学性的、历史性的、艺术性的、宗教性的或商业性的；它可能是有形的或无形的、保守的或前卫的、开放的或内敛的、传统的或潮流的、高雅的或大众的；它让人欣赏、引人关注、引发联想、触动情感或引发欲望；它记录或折射了它所处的时代风貌，反映出人们的社会共识、政治理念、意识形态、文化认同和商业喜好；它使人类文明风貌和商业逻辑以一种可甄别、可分析、可归纳、可创新的多样化方式呈现。

第一章
时尚符号概貌

　　时尚符号是商业价值、审美价值或文化价值等多元价值聚合的元素体系。时尚本身是人们对社会物质文明与精神文明的某一时间段崇尚的符号体系，不仅表现为一种物质样式、一种行为方式，更包含着一种意义、一种文化，是随艺术演进、文明进步和商业发展而变化着的各种代码、样式和符号系统。在信息化时代，时尚符号作为传播过程中解码和编码的基本元素，其文化、艺术和商业价值逐渐凸显。

第一节　理解时尚

时尚代表了文明的继承与创新，是人类社会物质文明与精神文明发展的集中体现。时尚是人类文明的标志，它是人们感知美、发现美、创造美、传播美的过程，而"美"是审美的对象，是审美的判断准则。同时，时尚符号的物质与精神双重属性，使人们可以将自己对现实生活和整个世界的理解、体验、认同和超越，通过时尚美的形式鲜明地展现出来。时尚符号的传播作为文化最早、最重要的表现形式之一，在文化的积累、传承、发扬、互融中起着不可或缺的作用。

从符号学来看，时尚可以被定义为一种符号语言或符号体系，是人们对社会物质文明与精神文明的某一时间段崇尚的符号。它是对"人类经验的构造和组织"，"在对可见、可触、可听的外观之把握中给予我们以秩序"。"像言语过程一样，时尚的表达过程也是一个对话的和辨证的过程"，❶ 使人们看到的是美的创造与流动。

---

❶ 恩斯特·卡西尔.人论［M］.甘阳，译.上海：上海译文出版社，1985：189.

在物质和精神文化生活快速发展的今天，时尚两个字时常出现在各种媒体中，人们对于时尚的追求已经成为生活中的一部分。时尚的本质是社会变动的一种表现形式，时尚不仅表现为一种物质样式、一种行为方式，更包含着一种意义、一种文化。

时尚涵盖范围比较宽泛，既指流行的风尚、观念、态度、行为，又包括体现流行特征的物品。这个概念既包括无形的抽象概念，又包括有形的器物。

从本质上来看，时尚产生于人类对新奇的热爱和对美的向往，而美其实也是一种符号，它不是事物的直接属性，而是"人类经验的组成部分"。[1] 因此，时尚既体现了一个时代的文化特征、艺术发展，又代表了一种商业形式。它既是人类复杂的智慧的艺术化成果，又是工业革命后商业快速发展的具体体现。

在中国，时尚之风，古已有之。中国早在公元前已有先进的服饰时尚体系。早在尧舜禹的上古时期，中国已经开始了与服饰有关的礼制。"黄帝尧舜垂衣裳而天下治，盖取诸乾坤。"[2]《尚书正义》载："冕服华章曰华，大国曰夏"。[3] 古人以服饰华采之美为华；以疆界广阔与文化繁荣、文明道德兴盛为夏。"以衣载道，礼化天下"，成为中国古

---

[1] 恩斯特·卡西尔. 人论［M］. 甘阳，译. 上海：上海译文出版社，1985：175.

[2] 南怀瑾. 易经系传别讲［M］. 北京：东方出版社，2015：329.

[3] ［汉］孔安国. 尚书正义［M］.［唐］孔颖达，正义. 上海：上海古籍出版社，2007.

人最明显的服饰哲学。以服饰时尚为源头，中国传统文化中孕育了一套完整的服饰时尚符号系统。

在西方，公元前400年，柏拉图（Plato）曾在《伟大的希庇亚斯》（Great Hippias）中谈到，"服饰与美有关"（clothes are linked with beauty）。❶

现实中，时尚由意义和物质两大系统构成。意义系统具有抽象性，物质系统表现为具体性，而两大系统时而独自运行、时而交错，形成了相辅相成、共生共存的关系。

从词源学的角度，"时尚"这个词在英文中主要有两个对应词：一个词是fashion，意指流行的样式、方式、风尚、时样等。另一个词是vogue，意指流行物，时髦事物，时髦人物。相对而言，fashion使用得更普遍，可以指代广义和狭义的时尚（时装）。从词源学的角度看，"fashion"一词起源于拉丁语"factio"（意指"正在做"），或"facere"（意指"将要做"）。后者"facere"同时还是名词"fetish"（崇拜）的词根。因此，fashion的原意指"活动""某人做过的事"或"崇尚的观念或物品"。❷

从社会层面看，时尚是一个意义系统，是一种观念、价值观，不

---

❶ Plato. Collected Dialogues［M］. Princeton：Princeton University Press，1961：294.

❷ Marian Frances Wolber. Uncovering Fashion［M］. New York：Fairchild Books，2009：8.

同的历史阶段、不同的社会和习俗背景、不同的国家和民族有不同的时尚。它在漫长的人类生活演变中产生和演变，它们载有人类文明的记号。时尚是文化系统中的一个重要环节，从微观上看，时尚可以建构身份，修饰形象，显示个性；在中观上，时尚可以形成和巩固群体认同，分化群体特性；从宏观上看，时尚可以影响社会意识、形成审美趋势、引导社会调适。这些特点都可以在时尚的意义系统去理解分析。

在文化范畴内，时尚的核心是风尚、方式和观念的形成以及时尚符号的表现、创造与传达。在艺术领域曾流行一句话，"民族的是世界的"。这句话的本质说明任何艺术作品或产品，如果脱离其特有的文化背景和民族性，将难以获得世界的认可和尊重。从另一个意义上说，人类的艺术活动或所创造的艺术产品是在不断探寻、发现、记录、传承与创造其文化符号。文化作为人类文明的表现形式和存在方式，成为人类内心归属和精神依存的重要载体，艺术作品和商业产品作为其外在形式，不可能脱离其文化根源。时尚产品作为具有艺术特征的商品，其商业性不能完全脱离其文化属性。

时尚的物质系统表现得更具体，它往往与时尚的物品有关。在一个特定时期和特定环境下，从上而下流行且被人们崇尚的物品，也可以被定义为时尚，如时装。物质系统的时尚往往与价值观有关，这种物品可能因人们的观念和审美而被追捧，也可能反向引导人们的观念和喜好。

7

时尚具有极强的商业属性，但同时兼具文化性和艺术性。在整个时尚的发展进程中，文化、艺术与商业密不可分。从中国古代丝绸之路的服饰商贸活动开始，服饰时尚产品的贸易往来已具有传播的实际形式和价值。在这一过程中，中国服饰的图案、色彩、形制和面料等对周边国家，乃至西方国家的影响，已经随着文化和商贸活动开启了国际输出。时尚在文化领域的影响从古延续至今，其商业价值则随着工业革命而凸显，在时尚产品作为高端贸易品之后更为人们所重视。无论时尚产品以何种形式活跃在商业领域，其背后的重要支撑来自文化。文化传播是商业传播的灵魂。没有文化内涵和文化根源的时尚产品，从一定意义上说，是缺少传播价值的。在商业领域，成功的品牌通常具有深厚的文化内涵，其产品呈现极强的文化符号指征。

第二节 时尚符号的概念

一、时尚符号的定义

时尚的本质是社会变动的一种表现形式，时尚不仅表现为一种物质样式、一种行为方式，更包含着一种意义、一种文化，它是根据历史变化着的各种代码、样式和符号系统制造出来的。时尚符号可以表达人类发展的思想内涵与情感寓意。

"符号"即记号、标记。符号原先是指语言或文字，后来指通信上一定的最小表达单位与组合规则。符号这个观念后来被绘画、音乐、设计、流行等领域大量借用。自人类文明伊始，符号就伴随着人类的各种活动。从远古时期的山洞壁画到摩登时代的霓裳魅影，符号成为记录人类文明与社会发展的有效工具，它同时也蕴含着人类丰富的思想与情感。在这个过程中，符号不仅涉及客观性的表达和意义，也同主观性的感受和认知息息相关。

时尚符号是人类智慧、精神风貌、艺术成就与物质繁荣的载体，是文化、艺术、设计、商业等多元因素的集合，是时尚的重要构成部分。时尚符号从人类经验中提取出来，表达着多样化的信息，承担着社会编程的责任，它使人类文明风貌和商业逻辑以一种可甄别、可分析的、可归纳、可创新的多样化方式呈现。物化的、行为的或观念的时尚符号表征在展示、诉说或影响着人们对于政治、历史、文化、宗教、艺术和商业等的理解与认知。在信息化时代，时尚符号作为传播过程中解码和编码的基本元素，其文化、艺术和商业价值逐渐凸显。

时尚符号是符号系统之一。它是指从客观对象中抽取或提炼获得的具有明确表征形式与特定内涵的色彩、图形、图像、造型、语言、行为或观念等，它往往体现文化性、审美性或商业性。时尚符号是人类文明和经济发展的产物。它既是思维创意和多元因素的集合，又是社会信息的物质载体，能够传递信息、表达寓意或产生联想。每一个时尚符号都有它特定的意义与象征。

从时尚符号的形式看，可分为以下三个层次：

第一，实物符号，即时尚符号的有形部分，往往以物质媒介的流行为基础，表现为图形（包括色彩、线条、形状、构图等）、图像、器物、语言、声音、气味等形式。它可能是纹样、文字（字形）、艺术作品、文化遗留品，也可能是商品。例如，时装品牌的Logo、代言人、包装等。

第二，行为符号，即以行为为表征的时尚符号，诸如代表某一文化范式或时尚潮流的行为表征，往往体现个体或群体的观念、心理、态度、价值观或消费喜好。

第三，观念符号，即时尚符号的文化或精神层面的部分，它可能是一种较为深刻的哲学、思想范式或价值观，也可能是一种不太复杂的时尚潮流或文化思潮，它也可能通过某些流行的词汇或语言表现出来。

实物符号、行为符号与观念符号往往不是单一出现的，而是相辅相成的。比如，影视剧等文化产品在行为潮流的引导中就糅合了大量的实物符号、行为符号，同时，故事情景又激发观念符号的映现。这些符号的背后带有强烈的文化指征和精神穿透力。

频繁地面对时尚符号，会让接触者受到这些文化的浸染。比如茶文化是带有明显的东方文化符号特征，并且因为茶与上古时期神农氏的渊源，因此具有浓烈的文化与历史色彩，当结合茶道等东方的礼仪和茶具等器物的使用，围绕"茶"这个符号就形成了一整套有机的符号体系。

在现代商业中，时尚符号的应用也较为广泛。比如，1990 年创立的运动潮流品牌"李宁"，因创始人"体操王子"李宁的世界冠军的美誉具有优良品牌故事。其品牌 Logo 由大写字母 L 和 N 的变形组成（实物符号），鲜明的符号设计，让消费者快速识别，形成品牌认知。同时，当广告语"[战]放无限可能""一切皆有可能""用运动点燃激情"（观念符号）同步出现，实物符号、行为符号与观念符号三者一气呵成，形成了主题鲜明、形象生动的系列符号表征，由此对消费者带来视觉、心理和行为的多重冲击，形成较好的品牌印象和潮流性消费引导。

另外，该品牌历经三十余年的演变，也不断由潮流品牌向高端时尚产品升级。2021年10月，"李宁"微博官宣推出高级运动时尚品牌"LI-NING1990"，该系列重新启用其1990年的"L"形旧标识，似乎在提醒消费者其辉煌品牌历史。❶同时，品牌还发布了概念广告片，宣传图中李宁在夺冠时刻流畅娴熟的动作（行为符号）既呼应了这款符号的设计，又概念化了"LI-NING1990"Logo线条的寓意指证，强化了这一品牌的无可替代的历史，使"高级运动时尚品牌"这个概念有了更清晰的归属（见图1-1）。

图1-1　2021年李宁高级运动时尚品牌"LI-NING1990"Logo与宣传图

时尚产品具有高度的表现力，符号性极强。如果将其作为单独的意

---

❶ 李宁换LOGO了？重启31年前的旧LOGO.百度网，2021年10月25日.https：//baijiahao.baidu.com/s？id=1714552176337692951&wfr=spider&for=pc.

指作用单元，会发现任何一件时尚产品都是一种单一、不可分割的符号。它不像一篇论文那样，是合成的，可以分解的；论文可以分解为更零散的有意义的构词成分：词根、前缀、后缀等，这些因素是根据众所周知的"语言规则"进行选择安排和变化的。因为语言，无论是书面语还是口头语，都是一个符号群，是一种符号系统；而一件时尚产品，往往是一个基本符号。这就是说，时尚产品或作品作为符号是一个有机整体，其符号功能只能在一个同时性的完整表象中发挥作用。如一件高定裙装没有其装饰或色彩的应用就是一件半成品，不能成为完整的商品，如同一首乐曲中的一个音符、一段舞蹈中的身姿只能在整体情境中才能发挥应有的作用。

二、时尚符号的特征与功能

时尚符号与符号具有相同属性，如像似性、指示性、规约性，但它同时又具备特有的属性与功能，或显性、或隐性、或具象、或抽象，大体如下：

1. 标记性

标记性是指符号指示某一事物的存在，由此引起观者的联想。标记性符号并非具体存在的事物，而是利用某种事物存在的标记引发人们的联想。当标记性被用于说服时，会产生"名人效应"。

2. 文化性

时尚符号具有极强的规约性。任何时尚符号的形成和其意义指征都无法摆脱其文化寓意，或者说，时尚符号的创造过程就是某种文化范式的显现或表达。

3. 艺术性

时尚是人类感知美、发现美、创造美、传播美的重要形式。审美是时尚的核心要件之一，因此，时尚符号往往表现为与创意和审美有关的艺术化的图像、观念或行为，其艺术特质是时尚符号不同于其他符号的极为重要的标志。

4. 商业性

大量的商业流通环节的时尚符号具有明显的商业性。其往往与品牌传播连接，通过塑造品牌的知名度、美誉度，引导消费，打造品牌资产和提升品牌溢价的能力。它关注的不仅是信息传递，还有最终产生的商业价值。

5. 矛盾统一性

时尚不仅概括了人的个性特征也概括了人类的共性，其广阔的包蕴力使时尚符号还具备强烈的跨界能力和感染力。时尚符号内部往往具备矛盾的对比性和和谐性。在符号内部各种力量碰撞与统一，最终达到和谐统一，因此，其往往只可意会而难以言传，"意不尽言"或者"此处无声胜有声"。

6. 重构性

时尚符号可将人们的感性知觉、情感经验、精神形象等通过设计创意的手法进行视觉语言形式的组合与重构，供人们阅读与传达信息的识别。设计要素在时尚符号的内置使其重构性的特征被放大。

7. 包容性

时尚符号往往具有较强的文化融通作用，其不仅包含了本土文化，甚至把触觉伸往他域文化；它既可表达纯粹的艺术形象或理念，也可以承载复杂的意识形态或社会价值，将文化认同、文化偏好、文化情感、文化习惯、文化误解、政治倾向等文化因素，以及商品引导、商品说服、商品催眠、商品共鸣等商业化的因素糅合在艺术的包裹体中。

第三节　时尚符号的社会意义

时尚在发展过程中，见证了文化的创造与更迭，它通过不同时代的社会环境所赋予的文化力量，以此来重构出不同的潮流。于是，时尚符号必须携带社会既定的意识形态和伦理道德标准。时尚符号作为一种信息表达和文化交流的形式，具有鲜明的符号属性，在社会现实中成为记载和创造文化的特殊符号形式，因此，时尚符号可以体现意识形态与思想观念方面的差异和转变。

时尚符号在传播媒介的价值观传导具有隐匿性。其往往裹挟在文化思潮、艺术潮流和商业流动中，通过有形或无形的手段影响受众的文化观、价值观、政治观、审美观和消费观。

在社会科学研究中，意识形态的作用应该被纳入文化研究范畴中，因为社会生活并不是简单的物质化的机械运行过程，而在物质系统运转的同时，挟裹大量的意义符号的创造、传播、解读与施加影响等的复杂过程。从这个角度说，对文化现象的研究也可以视为对意义系统作用于人的观察和研究。时尚传播与艺术不可分，艺术信息和艺术形式往往具有跨国界、跨文化、跨意识形态的功能，其在意识形态领域的潜移默化的作用不可小觑。

时尚符号不仅具有描述特定历史社会现象、习俗、惯例和价值观的描述性概念，还具有展现社会和历史时期的象征形式的意义构成和社会背景的象征性概念。❶ 而象征性概念与象征形式和现象有关。

符号是形成社会共识的基础之一，任何社会里都有一定数量的意义是普遍共享的。社会成员必须在足够数量的外延（denotative）意义（称其名而识其意，即词典中标注的意义）上达成共识，不然无法交流。同理，任何社会在内涵（connotative）意义（情感和价值判断的反应，比如何为贬义词，何为价值观，谁是好人）上必须意见一致，否则社会成员在生活中相处时就很不自在。❷ 然而，符号不是完美无缺的载体。它是从人们的经验中抽象出来的，任何一个符号都不能把个人的全部感觉传达出来，内心的活动是无法全部表达的。不同文化背景的人在交往时，即使普通的、社会共享的符号也有重要的差异。

任何特定文化内部，在有关外延意义和内涵意义的反应的思考方式上都有着广泛共识，但在价值判断上，不同背景的社会成员却可能存

---

❶ 约翰·B.汤普森.意识形态与现代文化［M］.高铦，等译.南京：译林出版社，2005：136.

❷ 威尔伯·施拉姆，威廉·波特.传播学概论［M］.2版.何道宽，译.北京：中国人民大学出版社，2010：66-68.

在很大的分歧，但在一种文化内部，人们的判断却相当一致。[1] 一个符号激发个人的反应时，此人做出的反应是全部经验的结果。

从传播学的角度看，文化研究的核心内容是对象征形式和象征行为的观察和解析。时尚传播中的意义系统与文化的象征性概念有着极为密切的关系，因为时尚传播与符号的创造和表现有关。甚至可以说，时尚传播学科的兴起，正是在信息化时代，象征形式在现代社会被更频繁使用和更快速传播的结果。

象征性符号被用于社会编程，其携带特有的文化基因，通过传播进行审美引导和文化喜好的影响。通过媒介，具有特定文化特征的信息被投射到受众乃至受众的心灵中。

媒介时代，符号等象征形式就被置于更加重要的位置。在互联网的虚拟空间里，象征化特征较为明显，比如，在社交网络中，人与人在"非接触型"社交中所塑造的虚拟化身份，包括头像、身份标签到自我设定。

无论是文化传播还是商业传播，时尚符号的对象征性概念的生产和传输都与意识形态不可分割。在前面，我们提到过相似性符号的成规性，即传播过程中，对所指对象的相似性符号的艺术化创造过程都受到特定文化的制约，这一创造行为的来源、表达和检验过程都脱离不了

---

[1] Charles E. Osgood, G.J.Suci and P.H.Tannenbaum. The Measurement of Meaning. University of Illinois Press, 1957.

其所处的文化背景。

时尚作为意识形态，其在文化自我特征与群体特征表现、文化认同与归化、文化渗透与改变方面都起着潜移默化的作用，而传播就是文化影响与信息流动的渠道。

意识形态是象征性符号被社会编程后所产生的效果，其隐含着权力话语，它对身处其中的人们形成一种渗透、规范与约束，并渐渐内化为主体意识。将非真实视为真实，将镜像当作本质。英国文化研究学者斯图亚特·霍尔认为："媒介如果成功地将其对世界的表征变为一种公认的对现实的定义，媒介就成功地控制了阅听人，获得了一种强有力的社会权力。"❶霍尔所说的"表征"即象征形式，而其所提到的社会权力就是话语权、评判权。时尚在文化的自我特征与群体特征、文化认同与归化、文化渗透等都与象征性概念有关，其话语权的作用是潜移默化的。

从上层建筑的角度考虑，文化作用于时尚传播最大的价值就在于其对意识形态的影响。通过对象征形式的选择、创造与传播，将携有文化基因的象征性概念植入传播信息中，慢慢形成了意识渗透。

可以理解，人作为个体，亲身感知到的世界范围有限，而其对世界的理解更多来自媒介所提供的信息。这里的媒介即包括国家、组织或

---

❶ 霍尔."意识形态"的再发现：媒介研究中被压抑者的重返［M］.黄丽铃，译.台北：台北远流出版事业股份有限公司，1994：116-117.

企业所运营的电视台、杂志、电台等，包括新媒体等自发性传播渠道，也包括人际传播等传播媒介。

在这些媒介中，世界的图景是谁提供的，又是以何种标准塑造的？同样地，在时尚传播范围内，时尚作为特定时期的风尚或被崇拜物，其源点何在？

盲目的、跟风式传播似乎不足以体现时尚传播引领性、时代性和文化价值。作为传播工作者，深度理解传播的内涵，以思考的态度选择、创造和传递有文化价值的信息和符号，做思想的引领着和敏锐的观察者和创造者，似乎才更能体现其职业价值。在当今的媒介环境带来传播格局变化的背景下，时尚传播的文化属性和商业属性都被放大，时尚传播在一个国家的文化战略和经济建设中都起了重要作用，给了传播工作者以更大的发挥空间。

比如，服饰时尚作为文化的载体，对人们意识的影响是潜移默化的。由于历史原因，20世纪下半叶，西方国家占据了国际时尚传播的主导权与话语权，西方文化的精华和糟粕同时在全球范围内流行，东方文化在很长一段时间内处于国际缺位。比如，以"泛娱乐化"为代表的西方文化的负面因素在如火如荼地生长，如对年轻人的侵蚀极为严重，而与之平衡的"崇德内敛"的东方文化却没有形成足够的影响力。"以衣载道，礼化天下"，中国的服饰符号所承载的中国哲学、文化精髓和礼仪之美应该被世界人民所认识和重视，如何跨越文化冲突，提升文化传播的价值和效果，时尚传播者应该有所理解。

从意识形态层面看，无论从公元前"东风西渐"所引发的中国时尚文化对西方的影响，还是近现代"西风东渐"中西方文化的碰撞，都能看出时尚对文化的推动与渗透作用。清朝末期，中国在国际时尚传播的缺位，使中国失去了太多参与确立现代时尚规则的机会，也因此错过了构建中国时尚文化话语权的机会。作为东、西文化交融中重要的一极，尽快融入世界潮流，不仅做跟随者，更要做引领者和内容的提供者，这个链条中传播的作用不可替代。

总而言之，任何国家的综合实力最主要体现在经济实力和文化实力上。在当今"和平与发展"作为全球的共同主题的背景下，塑造国家形象、提升全球影响力、取得与巩固全球文化话语权，成为各国国际战略的重要布局。

第二章
时尚符号的表征与意指

第一节　时尚符号的意指关系

　　时尚符号具有极强的浓缩性和包容性，这使得时尚符号在意义建构方面表现了强大的力量，能把包蕴无边的内容用最形象可感、最简洁、最直接的形式进行浓缩，集中表达了千面的、多样的形态或意念。时尚符号的意指也可以从多重角度进行解析。

　　了解符号的意指，可以使我们在面对时尚符号表征时，更清晰地理解符号的意义，以及其丰富的暗示和内涵，即解释项。符号可以是语言文字、图像，也可以是器物、建筑与造型，甚至可以是某种思想文化、某位人物、某种行为，这些皆用来指代一定的意义。在不同的背景下，符号有多重意义指向。

　　例如，"御"字既可以在古代典籍中代表驾驭车马，也可以在现代商品中指宫廷范式，比如"御食""御园"等，让人多少联想到皇家背景，似乎暗示了高标准、高品质和高艺术水准；"☆"符号代表星星，也代表希望；英文字母"C"可以代表音阶中的 C 音，也可以代表某一品牌 Logo。

一、二元意指

从结构主义符号学角度看，符号是能指和所指构成的统一体。时尚符号同样具有能指和所指的二元关系。"能指"即符形，是符号可感的外在形式，如词语、话语、实物或影响。"能指"是符号的形式；"所指"即符号的意义，从符号获得的经验、了解的内容或情感反应。[1] 比如，服饰作为外观符号融合了能指与所指，类似于可触知的实体（部分）或形象（整体）和不可触知的意义或信息的混合体，其"能指"更多指向外观（一件衣服、一款皮包或一种发型），是具体的、看得见的实物（服饰）或形象（外观），能传递意义；其"所指"则更抽象、难以触知，它是能指所指涉的概念或意义。因此，外观符号既具体（可触知）又抽象（不可触知）。

各种"能指"（形象的各种要素）和"所指"（思想、意义）联合构成一个带有单纯的直接意指信息的符号，这个层次称为直接意指层。当它被读者联系到一个更广义的主题时，产生了第二层更精妙复杂和意识形态化的信息和意义，即"所指"。

---

[1]　任悦.视觉传播概论［M］.北京：中国人民大学出版社，2008：13-19.

二、三分模式

时尚符号可以表达人类丰富的思想内涵与情感寓意，"能指"和"所指"的二元关系似乎还不足以表达其丰富的内涵和寓意的精妙之处。美国实用主义哲学家和符号学家皮尔士在索绪尔的理论基础上提出符号学"三分法"，即"表示项"（符号形式）、"对象"（被符号指涉的对象或事物）与"解释项"（对符号的解释或符号的意义），即以符号媒介、客体对象、解释项作为符号三分式的三个要素，用来解释符号的最终意义。❶"表示项（再现体）"是符号可感知部分，即符号表征，这在时尚符号中表现为能被大众感知的物质表象；"对象"既是某种客观的东西，它是符号指向的某种东西；"解释项"是符号的意义。换言之，符号是代表性、指涉性与解释性的三位一体。皮尔士的理论试图从实用主义哲学角度解释客观世界的各种符号现象，探索符号意义的普遍生成过程。

符号的美妙之处正在于可以被任何人用任何解释项进行诠释，这也形成了解释项在符号中不可或缺的作用。所以，时尚背后的符号解读和意义具有十分重要的价值。

皮尔斯认为，现象是指以任何方式、在任何意义上呈现于我们心中的全部事物的整体，而与它们和真实的事物相符与否没有关系。研究的对象是现象的形式因素。同时，"这里有一种事物的存在方式，它存在

---

❶ 袁漱娟.现代西方著名哲学家评传［M］.成都：四川人民出版社，1988：485.

于第二个客体如何存在之中。我把它称为第二性。……第一性这种存在方式存在于主体的真实存在之中，与其他任何事物无关。……第二性的未来事实具有一种决定性的普遍性格，我把它称之为第三性"。因此，事物一般可以分为三类。"第一类的范畴包括现象的许多性质。……现象成分的第二个范畴包括现实的事实。……现象成分的第三个范畴由我们称之为法则的东西所构成。法则或普遍事实，作为普遍事物，与性质的潜在世界有关；作为事实，它又与现实性的现实世界有关。"❶

简言之，获得意义的第一步"表示项（再现体）"（符号表征）表现为"显现性"或"形式直观"。第二步，意义的积累、叠加，构成"认识记忆"，即"对象"与别的东西发生联系，符号形成一个要求接收者解释的刺激，就成为"坚实的、外在的"单符，能够表达意义。最后，随着意义的深化，形成"理解"，出现"解释项"，即人们对所看到的事物形成的判断和理解，推断出知觉的对象所具有的某些一般性的特征。❷

人作为符号使用者与接受者通过三种不同的感知方式产生了对符号不同的解释形式，也获得了不同层次的符号意义。任何事物只要它赋予意义并指称另一事物，就可以被当作符号。符号由解释项和被解释项构

---

❶ 皮尔斯.皮尔斯文选［M］.涂纪亮，等译.北京：社会科学文献出版社，2006：167-171.

❷ 苏智.《周易》符号系统中的表意三分关系［J］.符号与传媒，2016（1）：72-74.

成，解释项使得被解释项成为可能。从被解释项到解释项的过程中存在一个简约抽象的三分结构关系，被解释项暗含了解释的对象，因此可以理解为"对象—被解释项—解释项"。[1]

三、四分模式

W.J.T. 米歇尔在索绪尔的理论基础上提出了"四分模式"。他认为传播除了"能指"与"所指"之外，还存在表征的"生产者"和"观者"这两个因素，他强调符号的意义是在交流中产生的，而图像符号的交流功能很强。[2] 米歇尔的理论似乎更适合传播媒介研究。随着网络的日常化，带有图片、视频共享功能的网站或社交网络（如微信）越来越普及，受众的身份不断在"观者"与"生产者"之间转换，共同成为信息的创造者和传播者，社交从线下走到线上，非接触型社交更为普及。符号超越"能指"与"所指"的范围，而随着更多的人际传播的因素，如"观者"与"生产者"深度参与到传播过程中。

---

[1] 苏珊·彼得里利，奥古斯托·蓬齐奥.打开边界的符号学：穿越符号开放网络的解释路径［M］.王永祥，等译.南京：译林出版社，2015：7.

[2] W.J.T. 米歇尔.图像理论［M］.陈永国，胡文征，译.北京：北京大学出版社，2006：3.

四、暗示与隐喻

符号学家罗兰·巴特提出符号意义的不同层次的说法。他认为指示意义是符号所表达的第一个层次的意义，暗示意义是符号所表达的第二个层次的意义。指示意义和暗示意义共同构成符号的第三个层次的意义，即"神话"。这里的"神话"也就是社会中主导人们思想的意识形态，它是人们思维、解读事物意义的基础，赋予我们在一个文化中的经验意义。"神话"在社会中起着意识形态的"自然化"事物的功能。它们的功能是制造社会主导的历史和文化价值观，一些看起来像是完全"自然""正常"和共识的态度和信念。❶

暗示意义是符号通过特定的语境、环境、文化传统和习俗的背景，暗示给受众，让受众联想到的另外的意义。传达暗示意义，很重要的一种方式就是隐喻。在符号学意义上，隐喻就是通过一些人们熟悉的语汇来表达人们不熟悉的事物。隐喻是一个在设计中能达到事半功倍的设计策略，也是一些设计师创造作品时常用的一个策略，比如，勒·柯布西耶设计的朗香教堂被认为是一次颠覆性的艺术创作。它颇具现代艺术风格和时尚品位，个性独特，因其在视觉符号和听觉符号间的巧妙转换而达到的隐喻效果而受到关注，被建筑界称为"视觉领域的听觉器件"。

---

❶ 唐纳德·诺曼.设计心理学［M］.梅琼，译.北京：中信出版社，2003：7.

柯布西耶设计的初衷就是希望"它应该像（人的）听觉器官一样的柔软、微妙、精确和不容改变；它与场所连成一气，置身于场所之中。对场所的修辞，对场所说话"。[●]朗香教堂在小山头上，光线透过墙壁上大小不同的窗格散发出或强或弱、或明或暗的光线，如同不同的音律在盘旋。把教堂建筑视作声学器件，用建筑激发音响效果，产生形式领域的声学效果，使之与所在场所沟通，这可以说是柯布西耶设计朗香教堂的建筑立意，一个别开生面的巧妙的隐喻。这个跨越不仅在于其暗示意义的表达，还在于通过符号的表征形式的控制实现了不同领域的符号转换（见图 2-1）。

图 2-1　柯布西耶设计的朗香教堂建筑图

● 赵春华.时尚传播学［M］.北京：中国纺织出版社，2018：34-35.

第二节　时尚符号的意境

一、意境的东方渊源

"意境"是较为东方化的概念，属于中国传统美学思想的范畴。中华民族在上下五千年的文明演进中对符号的理解和运用充分彰显了人类的智慧与审美情趣。意境在符号运用与表达上极为特色化的表现形式，也体现了中华审美的高超境界。

东方意境是艺术美与自然美的融合，是物质、心灵与精神三界合一的体现，因此，在对符号的理解上有了更深刻、更开阔、更为全局观的视野。中国哲学崇尚"天人合一"，即追求物质与精神追求的平衡与调和。道、儒、释的思想内核成为贯穿中国古今的精神沃土，道家遵循"道法自然"，儒家推崇"中和之道"，禅宗则追求"物我合一"，这些

都为中国美学的意境表达提供了独特的思维方法。❶

早在公元前 600—500 年的春秋战国时期，孔子所作的《周易·系辞上》曰："圣人立象以尽意。""是故夫象，圣人有以见天下之赜（zé），而拟诸其形容，象其物宜，是故谓之象。""是故阖户谓之坤，辟户谓之乾，一阖一辟谓之变，往来不穷谓之通，见乃谓之象，形乃谓之器，制而用之谓之法。"❷孔子认为：先人通过创立象征性的图像以全面详尽地表达自己的思想。所谓"象"，就是用来发现天下幽深复杂事物的象征性符号，可以将这些象征性的符号按比例做成具体可观的形体和面貌，来象征其所对应的事物的意义。另外，古人关闭门户包藏万物叫"坤"，打开门户生成万物叫"乾"，一开一关称作"变"，来往无穷称作"通"，显现出来就是"象"，有了形体就是"器"，制定出来使用就是"法"。

《周易》被认为是中国的哲学之心、艺术之源，是至今仍无人能完全通晓的上古典籍。八卦作为上古的符号，对天、地、人的内在规律的洞悉超越了几千年的人类智慧，其符号学价值颇有"一览众山小"的意味。其用八卦，即乾卦、坤卦、震卦、艮卦、离卦、坎卦、兑卦、巽卦，将天、地与人的关系高度概括；用一阴一阳极为朴素的唯物主义原

---

❶ 赵春华，张雨濛，龚俊杰．数字化动漫的视觉语言与东方意境构建［J］．中国新闻传播研究，2022（2）：209-220.

❷ 《周易》．扬天才，张善文，译注．北京：中华书局，2011：592-600.

理，揭示了三才关系，对儒家、道家等诸子百家影响至深。从符号学角度看，《周易》的符号的抽象性极高，变化组合多样，这也决定了它的文化价值、艺术价值和历史价值（见图2-2）。

图2-2　《周易》八卦图示

通过孔子对《周易》的阐释，可以看出在中国传统审美中，"意境"被赋予了较高的地位。可以说，意境是从涵盖中国哲学和传统美学中孕育出来的意蕴深远的审美境界。从古至今，意境都是东方审美的重要追求。意境在创作审美意识上具备两重结构：一是客观事物的艺术再现，二是主观精神的真实表现。二者的有机结合便构成了东方文化的意境美。

"意境"主要是指画面与所表现的思想情感融为一体而形成的画面感与情境感知。凡是能感动观者的艺术，总会在表现出创作者的"意"的同时相应的表现"境"，即"寓情于景"，借助形象表现心境。❶画面作为最直观的表意界面，其中的各种视觉认知元素相互作用共同构

---

❶　张力喜. 舞剧《易·文》的美学精神表达［J］. 人文天下，2019（8）：56.

建出"象"，在传递创作者思想情感的同时也令观者与之产生共鸣，引导观者超脱于画面本身去体悟作品的东方审美意蕴及文化内涵。当其能感受到一定的审美意趣和一种画外境界时，"意"和"境"便也逐渐显现。❶

二、意境的构成

意境主要由"象""意""境"构成，三者相辅相成。"象"即符号表征，或符号的形式。其元素构成主要是"色彩""形状"和"空间"。特定的"象"表现出东方美学之"意"，从而建构起特定的"境"，体现出独特的美学理念和审美习惯，体现出浓郁的中国风格。东方色彩的"象"的表达较为注重"相生相克、相辅相成"的效果。作为画面中最适于渲染气氛的元素之一，观者就能通过色彩之"象"感受其"意"，甚至能领悟出其背后所影射的"境"。

1. 色彩与意境

色彩有着明显的象征性，是在一定的文化背景、民族地域中培养出来的。❷色彩文化是民族文化中最突出醒目的部分。色彩和形状具有识

---

❶ 赵春华，张雨濛，龚俊杰. 数字化动漫的视觉语言与东方意境构建［J］. 中国新闻传播研究，2022（2）：209-220.

❷ 杨明刚，刘振艳，胡珊. 传统文化视觉元素在动画角色设计中的价值及应用［J］. 设计，2014（6）：64-66.

别性和象征性，是角色造型设计中基本元素之一，也是视觉语言中最重要的部分。阿恩海姆曾说："人们在传统上把形状比作富有气魄的男性，把色彩比作富有诱惑力的女性，实在不足为奇。色彩和形状的结合对创造绘画是必需的。"❶

色彩的本质特征决定其常常被用来表现个性、特点、身份、地位与领域，或用来象征一个民族的思想意识、社会制度、宗教信仰及风俗习惯，这些作用有些类似于符号与标志，其目的在于视觉传达。色彩可以体现艺术风格，不同色彩选择和层次都会根据表达的主次来进行匹配。

作为一种视觉生理现象，色彩会使人产生不同的生理反应。色彩的本质特征使其常常被用来表现个性、特点、身份等，或用来象征一个民族的思想意识、社会制度、宗教信仰及风俗习惯。这些作用类似于符号与标志，其目的在于视觉传达。不同色彩选择和层次都会根据表达的主次来进行匹配。❷

比如中国人对红色有较强的文化归属感，因为红色带有一定的文化图腾和精神皈依的性质。赤色，被认为是太阳的颜色。由此代表太阳崇拜的红色就成了各种流行色的鼻祖。从甲骨文到金文、小篆，"赤"字形体传承，始终都有从火之意。原来在远古时代，文字已经刻画了这

---

❶　黄吉春，赵涛.色彩在动画角色造型中的应用［J］.现代营销，2012（7）：253.

❷　殷俊，王平.动画视听语言［M］.北京：人民邮电出版社，2017：66.

一历史时刻（见图 2-3）。

| 甲骨文 | 金文 | 小篆 |

图 2-3 甲骨文、金文、小篆的"赤"字

人们习惯将汉代称为"炎汉"（火为赤、黄色）。汉朝历时四百余年，是当时世界上最先进的文明及强大的国家。民族气质雄浑豪迈，大气磅礴。汉朝的红色之崇代表了中国强大的国运。中国红氤氲着荡气回肠的大汉气息；延续着盛世气派的唐宋遗风。就如故宫的红墙，在传统的赤色、朱色中融入了一点土黄，颜色温润、庄严而雄浑之气不减，成为中国传统文化的重要表征（见图 2-4）。

图 2-4 故宫鸟瞰图

中国红映射出中国人热忱、进取、团结的民族品格，预示着华夏文明的生生不息。

2. 造型与意境

造型主要是指运用美术的造型手段创造出来的形状或图形。造型除了对于客观人和事物的构造，还可以引申至更大的范围，即在一个被限定的空间之中有意识地、主动地驾驭着基本型，组合、再造、构型，由此转化并创造更多的美。设计者通过对现实的提炼，对大量的素材进行艺术加工，创作出表达主观感受与精神世界的艺术形式，由此营造内涵丰富的意境。

造型也是一种直观表达特定符号及文化内涵的视觉载体，虽然在东方意境中淡化了具体的"形"而侧重神韵的表现，但"形"对画面虚实结合的艺术表达至关重要。构建出东方意境的画面，"形"的作用必不可少。东方意境的"形"往往带有强烈的人文色彩，因而在视觉的直观层面和联想层面就具有了东方特质的审美意趣，同时也是东方意境中"象"最显著的部分。当这些"形"相互协调进而达到一种平衡状态时，作品的东方格调与人文意蕴便会自然地流露出来。

以动画电影《姜子牙》为例，画面中出现的通往天庭的"天梯"拔地而起、直插云霄的造型凸显了天人相隔的物理间隔，也映射了主人公姜子牙的心路历程。整个造型配合天蓝色的色彩的变化，恰如其分地烘托了人物内心情感，展现出主人公初登天梯时明媚的心情和对天庭的憧惊，情境与心境互为映衬（见图 2–5）。

图 2–5 《姜子牙》中的天梯造型

相比西方艺术注重形似的"写实"风格，东方艺术更倾向于神似的"写意"风格，即对具象进行高度凝练与升华，再以抽象的方式保留其原本的神韵。即便是追求形似也要融入自我情感，抒发主观意志，"以意命笔"才能塑造出画面的意境美。[1] 同时，受道家经典《老子》中"朴素"美学思想的影响，"写意"作品对线条这一"形"的运用更是出神入化、引人入胜。创作者通过浓淡、曲直、长短、疏密、粗细等设计，从"一"勾勒出"万物"。"形"这一"象"无论是其本身还是所传递的文化内涵，都在一定程度上表达出东方美学之"意"，并在与画面中其他"象"相互作用的过程中构建起"东方意境"。

3. 空间与意境

空间，即构图或场域。借助画面中物象之间的关系以及对物象的组

---

[1] 张天爽，汪兰川. 形式美、意境美、真情美——浅议吴冠中艺术特色［J］. 设计，2015（7）：92-93.

织构成来表达意义，是体现意境的直接手段。设计者通过对视觉信息的选择、重组、突出等构成创造性的空间形态，利用人们的心理机制进一步扩展空间，从视觉上引导观者进入特殊的世界中，图像语言的基本语意便由此产生。虽然图像并非现实本身，但构图可以提升画面的现实感和空间，进而增强画面的意境感。最大限度地消除了画面与现实的隔阂，让观者身临其境，产生联想。同时，构图在有限的空间中寻找具有视觉价值点，将主体及其存在空间中的线条、色彩、形状、透视、视点按一定的视觉美感加以组合，使场景空间与角色形成互动，塑造出场景的客观空间和心理空间，从而表达出创作者的情感，并引发观者产生共鸣，使观众的观感体验由视觉快感上升为心理快感。❶

图片或影像是具有"场域"感的空间概念，它通过画面中物象之间的关系，以及物象的组织构成来表达意义。它抽离于对画面元素的局部观察，使整体的空间成为画面中各元素相互作用后所呈现的效果，使意境最直接、最完整地呈现，甚至令人最直观地感受到画面的"氛围"。

相比西方艺术大多对"空间"的视觉表达基于"焦点透视法"，东方艺术在"空间"的表达上则采用了"以大观小，散点透视"的美学思想，更独具匠心。东方的空间观打破了一般画面以"焦点透视法"观察

---

❶ 殷俊，王平.动画视听语言［M］.北京：人民邮电出版社，2014：40-73.

事物的局限，同一画面中的各部分可以有不同的透视，也不刻意作景别的区分，即采用"散点透视"的空间表达，同时注重阴阳协调、对称、圆满周全，在诸多画面元素中体现出全局的协调，从而使整个画面保持一种自然平衡的状态。此外，不同于以"客观实在"为主的西方审美，东方艺术非常注重整体氛围的营造和情感的表达，创作者在作品中充分融入了在当时历史文化背景下自身所具有的精神气韵和审美意趣，这并非个人单纯的喜怒哀乐，而是能在一定程度上反映出当时的社会风貌和人文风俗的思想情感。

比如明代画家唐寅的《溪山渔隐图》长卷。画中山石耸立，林木茂密；江干岩岸，杂林疏朗，渔舍水榭坐落于丹枫之中；岸石掩映间，水面舟艇数只，舟上渔人或垂纶放钓，或横笛濯足，或拍掌击节和歌；屋内则促膝对酌，或凭栏观钓，或策杖闲步。画法苍古，用笔劲利，设色明艳。全画清雅幽丽、色调洗练、神采逼人，颇具恬淡的东方意境和审美意趣，因而具有极高的艺术价值（见图2-6）。

图 2-6　唐寅的《溪山渔隐图》

再如动画电影《哪吒之魔童降世》中的"山河社稷图"所表现出的东方意境之空间美学（见图 2-7）。

图 2-7　《哪吒之魔童降世》中的"山河社稷图"

当哪吒步入画卷时，画面并未严格按照近大远小的透视原则进行构图，而是将浩瀚无垠、绮丽壮阔的魔幻仙境置于独特的空间里，把"高远、深远、平远"的东方审美方式精心设计于画面中，一步一景、步步入情、层层推进，令观者身临其境，随画面缓缓运动细细品味其东方意境之美。

第三章
时尚符号的起源：服饰符号

　　服饰几乎伴随人类社会发展始终，是人类物质文化与精神文化的双重载体，是物质与意义的结合体，其兼具实用功能与美学功能。从基本功能看，它具有保暖防护作用；从美学角度看，它起到装饰作用；从社会学角度看，它具有身份识别、传递价值和教化规约的功能。它揭示了时尚符号的最基本的运行逻辑和发展轨迹。服饰符号的美学功能以服饰为承载体与身体的建构呈现服饰的美的功能。服饰符号与身体美的相互作用达到一种和谐美好的状态。

第一节　服饰的符号性

服饰是最有代表性的时尚符号系统。服饰从出现的那一刻起就兼具有实用功能与审美功能。服饰的颜色、纹样、面料、点缀、款式和品牌都是其符号化表征，几者相互作用形成了服装这一有机整体。

在服饰文化里，服饰的能指是服饰的外在的物质形态，具体的包括款式、色彩、图形、结构、工艺等物态要素；服饰的所指是服饰内在的隐含意义，包括服饰的含义、民俗、象征等意象层面。符号元素的传递使得服饰所指性的意义更加明确，符号化的意指作用更加完整。

服饰是人类为满足自身的生存、交往、审美、文化感知等需要而创造的物质形式，它是以人的身体为轴心，以人的身体特征及其与自然、社会环境关系的调适为基本诉求的，兼具自然和社会两个方面的基本属性，以及实用、审美、信仰、伦理等多方面的功能意义。

服饰承载着历史的记忆，其通过具体的实践活动来表达一种社会化的概念。它拥有保护身体、修饰审美方面的基本功能，而服饰的社会属性也随着历史的发展渐渐地显现出来。它已超越其遮体和御寒的意义而上升为时代话语表征的一部分，成为展现审美倾向、文化认同、价值观和时代精神等的外在形式。可见，服饰之美可以说是身体美在社会、文化、艺术中的升华。

在服饰符码中，身体肩负的是话语建构的功能。在符码的演绎与身体的话语建构中，身体美学也得以形成，这便是服饰符号的审美功能。很多的设计师的服饰以艺术角度来传达设计师的审美知觉。"其根本的目的不是信息的传达，而是为了让各位受众能在艺术作品中进行情感内涵的诠释，即内容的再创造，并在这种再创造之中获取审美的愉悦。"❶

罗兰·巴特在20世纪60年代对服饰符号的研究中突破了语言学框架，将符号学当作世界观广泛运用于社会生活的各个领域。他把服饰视为一种神话来传播，将流行服饰杂志视为一种书写的服饰语言来分析，并将这种书写的服饰看作是制造意义的系统，也即制造流行神话的系统。他认为服饰符号的能指与所指相结合的过程中彰显了审美内蕴，是基于服饰对身体的遮蔽保护这一现实符号向艺术符号的转化，而这一转化正是依靠意指作用，身体的美正是在这一意指过程中

---

❶ 李彬．符号透视：传播内容的本体诠释［M］．上海：复旦大学出版社，2003：125．

得以彰显。❶可惜，限于当时的社会背景，巴特只是对时尚杂志中流行服饰的文字评述进行了分析研究，并未对图像作过多论述。

中国多数学者也认为服饰是一种表征符号，其具有鲜明的符号属性和符号功能。如黄翠和周莉英的《服饰设计中的符号语言》从服饰的符号化过程等角度剖析了服饰的符号属性和表意功能。❷胡俊敏的《现代服装的符号学阐释》指出"服饰作为人们交流信息的符号，成为信息传递和文化传播的方式"。❸王文静的《服饰：一种社会的文化符号》、周莹和陈震邦的《服饰是文化的一种符号》提出："服饰不仅是显示性别年龄、标志身份地位的符号，也是不同国家与民族的文化符号。"❹❺

服饰符号作为人与人传递非语言形式的信息交流的中介，其研究对象主要是具有商业价值、文化价值和艺术价值的符号。图像似乎是服饰符号视觉传递中最为主要的媒介形式。当大众能够从某种服饰中感知到服饰所传达的另一层含义并被其感染或说服，服饰就已在发挥其符号价值了。

---

❶ 罗兰·巴特.流行体系—符号学与服饰符号［M］.敖军，译.上海：上海人民出版社，2000：72–75.

❷ 黄翠，周莉英.服饰设计中的符号语言［J］.艺术与设计（理论版），2009（3）：201–202.

❸ 胡俊敏.现代服装的符号学阐释［J］.饰，2005（2）：8–10.

❹ 王文静.服饰：一种社会的文化符号［J］.社会，2002（3）：16–18.

❺ 周莹，陈震邦.服饰是文化的一种符号［J］.郑州轻工业学院学报（社会科学版），2002，3（3）：75–77.

第二节 服饰符号的话语

　　服饰本身也是一种媒介，它意蕴丰富，有多样的思想内涵。服饰不同于其他商品，它既是可见的实体，又是一种符号，实体与符号以高度视觉化的方式联系在一起，指示穿着者的特征。因为服饰既是物质实体又有人类意识的承载物，因而它同时具备实用功能与美学功能。服饰作为人的社会属性的标识，作为一种社交符号，在日常交往中，人们通过辨别和参考这种符号来作为区分个体的特征差异的方法之一。

　　就服饰符码而言，我们能够选择我们所使用的衣着符号来传达有关我们自己的特别信息。甚至当服饰有其特殊用途时，符码依然为我们的选择赋予了社会意义，就像时尚符码和区别男性着装与女性着装的符码。❶

　　服饰从出现的那一刻起就兼具有实用功能，即保护功能，经过几

---

❶ 比格内尔.传媒符号学［M］.白冰，黄立，译.成都：四川出版集团、四川教育出版社，2012：8.

千年的演变与进步，除了实用功能外，形成了丰富特色的非语言符号体系，如服饰的款式、颜色、面料、配饰等。各个民族服饰语言符号都无一例外地留下了各自的文化烙印。服饰不仅体现了物质文化和精神文化的统一，以及审美主体内的情感外化，还在一定程度上透视出特定社会以及民族的政治、经济、文化、习俗，以及审美倾向。

"人们创造符号系统的目的不外乎两类：一类是为了实现客观的功利目的，即信息或价值的忠实传达；另一类是为了满足主观的情感需求即审美的需求。利用符号给人以审美的需求的功能就是符号的美学功能。"❶

在服饰符号中，身体肩负的是话语建构的功能。在符码的演绎与身体的话语建构中，身体美学也得以形成，这便是服饰符号的审美功能。很多的设计师的服饰只是以纯粹的艺术角度来传达设计师的审美知觉。"其根本的目的不是信息的传达，而只是让各位受众能在艺术作品中进行情感内涵的诠释，即内容的再创造。并在这种再创造之中获取审美的愉悦。"❷而服饰符号一般都兼具美学功能与实用功能，服饰符号的美学功能以服饰为承载体与身体的建构呈现服饰的美的功能，服饰符号与身体美的相互作用达到一种和谐美好的状态。

---

❶ 李彬．符号透视：传播内容的本体诠释［M］．上海：复旦大学出版社，2003：120.

❷ 李彬．符号透视：传播内容的本体诠释［M］．上海：复旦大学出版社，2003：125.

服饰是具有符号意义的实物，是意义与物质的结合体。服饰作为精神意义的符号，具有很强的暗示意义。个体受社会情境的影响，通过选择能指的具体实物（如服饰款式、色彩与搭配），控制所指的意义指向。服饰、鞋帽、皮包和佩饰等，都是表达身份和个人品位的符号系统。个体选择与自己所倾向的社会特征或品质相近的服饰，并希望得到别人的认同，如通过在公众场合穿着旗袍，暗示东方文化倾向与品位。服饰作为符号，更像是个体通过外观来传递的信息，通过对符号的选择来控制信息的喻意，通过选择服饰的风格来传递特定的信息。

没有文化内涵的时尚品牌是没有灵魂的。在当今世界知名时尚品牌在工艺、材质和设计等方面越来越难分伯仲的时候，品牌的文化内涵成为各知名品牌重点打造和比拼的至高点。纵观世界知名服饰品牌，从香奈儿到博柏利，这些品牌从代言人、设计元素到广告内容，无不在凸显其文化内涵，以展现其与众不同的身份。

国产男装品牌"七匹狼"以"狼文化"作为核心文化诉求，通过生动的广告图像和精炼的广告语"挑战人生，永不回头""男人不只一面""奋斗无止境"等，讲述男人的故事，塑造侠骨柔情、刚柔并济、团队协作、爱家护家的优秀男人形象。●七匹狼 2016 年以狼文化为基础，推出品牌"狼图腾"，在设计中还加入了中国各民族文化的新元

● 七匹狼男装狼文化荣获 IAI 国际广告奖金奖 . 时尚品牌网，2016 年 7 月 15 日 . http://www.chinasspp.com/News/Detail/2016-7-15/348520.htm.

素，以此来展现狼文化在不同的民族、不同的领域中的风采，透过狼文化，与全球的时尚对话。在广告中，品牌通过张涵予的硬朗形象展现品牌风格，同时品牌跨界搭档腾讯游戏《雷霆战机》，进一步在年轻消费者中树立自己的战斗者的形象。七匹狼在 2016 年凭借狼文化系列获 IAI 国际广告奖金奖（见图 3-1）。

图 3-1　七匹狼 2016 年广告和"狼图腾"图案

看得出，不少国产品牌已经开始有意识地探寻消费者潜在的审美方式和意识形态的走向，同时在设计和传播中体现品牌的文化底蕴和创作灵魂。

第三节 服饰符号的心理学分析

服饰不同于其他商品，它既是可见的实体，又是一种符号。实体与符号以高度视觉化的方式联系在一起，指示穿着者的特征。因为服饰既是物质实体又有人类意识的承载物因而它同时具备实用功能与美学功能。服饰作为人的社会属性的标识，作为一种社交符号，在日常交往中，人们通过辨别和参考这种符号来作为区分个体的特征差异的方法之一。

服饰作为精神意义的符号，具有很强的暗示意义。个体受社会情境的影响，通过选择能指的具体实物（如服饰款式、色彩与搭配），控制所指的意义指向。服饰、鞋帽、皮包和佩饰等，都是表达身份和个人品位的符号系统。个体选择与自己所倾向的社会特征或品质相近的服饰，并希望得到别人的认同，如通过在公众场合穿着旗袍，暗示东方文化倾向与品位。服饰作为符号，更像是个体通过外观来传递的信息，通过对符号的选择来控制信息的喻意，通过选择服饰的风格来传递特定的信息。

社会群体的构建对时尚传播有着重要的作用。在齐美尔等人的分析中有一个基本观点，即时尚与社会阶层之间的互动关系。"时尚是阶级分野的产物，并且像其他一些形式特别是荣誉一样，有着既使既定的社会各界和谐共处，又使他们相互分离的双重作用——时尚一方面意味着相同阶层的联合，意味着一个以它为特征的社会圈子的共同性，但另一方面，在这样的行为中，不同阶层、群体之间的界限不断被突破。"社会群体的聚集与形成实际上是一个认同感不断清晰、加强的过程。认同感的形成则是一个动态结构，是一个比较的概念。❶

服装作为人的"第二特征"，有明显的社交价值。不同于以文字表达为基础的语言符号，服饰符号主要通过人类的感官，即视觉来完成，形成无声的交流。视觉是外观交际中最重要的知觉，个体通过选择服饰的色彩、款式、搭配等外观符号，暗示个体的喜好、品位、社会身份和职业等，使服饰形成完整的符号学系统，塑造个体的社会形象，影响着他人对个体的印象。

关于服饰符号的理解，人们既受文化中约定俗成的社会因素影响，又受个人情感、自我形象感知的影响。因此，个人着装的选择更多是自我的私人情境与社会情境的联合作用体。

奥地利心理分析学家弗洛伊德曾提出"本我"（id）、"自我"（ego）和"超我"（superego）理论。"本我"反映人的生物本能，按快乐原则

---

❶ 郭珊. 都市型男：时尚传播中媒体对"新人群"的建构［J］. 新闻大学，2005（2）：88.

行事；"自我"寻求在环境允许的条件下让本能冲动能够得到满足，是人格的执行者，按现实原则行事；"超我"追求完美，代表了社会性的"人"。服饰选择中的"自我"和"超我"更有可能是因为考虑了社会的评价，是人的社会性表现。通过服饰符号（颜色、图案、款式）的选择，人们不断构建、修改与重塑自己的形象特征，并通过社会形象构建自己的身份。受年龄、性别、职业和社会地位等因素的影响，人们会对号入座，选择适当的自我展示样式。这样的展示除了表现当前的自我形象定位，还为将来获得影响力作了某些预设与铺垫。或者说，服饰符号的展示不仅仅是为了满足人的自我形象和扮演社会角色，而更多是为了把握各种社会机会。通常，社会情境感强的个体对服饰更感兴趣，对服饰的符号价值较为敏感，能更有效地对其利用以提升个人社交形象管理，并通过服饰影响他人对自己的印象。

将"本我""自我"和"超我"与服饰选择中的私人情境与社会情境联系起来，会发现在选择服饰的时候，人们通常会在两者之中寻找平衡。根据服饰的最终穿着场合，人们既可能完全听从情感的支配，也会考虑服饰的最终用途而做出判断。在出席重要的社交场合时，对服饰款式、颜色和品牌的选择，就显得尤为重要。或者说，在社交场合，服饰符号发挥的作用更为明显，它既可以掩盖人不希望为人知的特征，又可以突出希望被公众认可的特质。一位女士在与朋友约会时，可能穿得更妩媚、更性感，颜色更鲜艳；在办公室的职业装却可能淡化自己的女性特征，颜色选择也更偏中性。有的职场女性很聪明地将体现女性特征和体现职业特征的因素加以平衡，如选择绿色、白色、紫色等带有蕾丝装饰的西服套裙作为办公室着装，既区别于男性，又会让同事感到得体。

在面对公众时，服饰几乎已经成为人们社会性的重要表征。每天的生活中，人们都会面对他人，通过这一过程，人们展示着现实与想象中的自我。在不同的情境下，人们根据意象中的自我，通过服饰的穿着与搭配，影响他人对自我身份的理解。在社会情境下个人服饰的定位成为人们展示自我身份、提供自我标识的过程。作为社会群体中的人，每个人都会多多少少有从众的心理，个体希望通过与群体趋同的行为方式、生活方式等，而获得他人的认同。在公众场合，相同的着装确实可以拉近个人与群体的距离，在职场，符合职场规范的着装则能得到更多的认可和信任。而这些约定俗成的规范是由大众的"共识"达成的。是否遵从这些共识，成了区分"同类"和"另类"的标志。比如在正式商务社交场合穿着西服，是因为在商业领域大家认同这一着装规范，将其作为表达尊重的、带有正式感的社交符号。

个体受社会情境的影响，通过选择能指的具体实物（服装款式、色彩与搭配），控制所指的意义指向。如通过在公众场合穿着品牌服装，暗示自我的身份、身家与品位。服装作为符号，更像是个体通过外观来传递的信息，通过对符号的选择来控制信息的喻意。

如在 2008 年北京奥运会期间曾提出的"以中国概念设计服装"的理念，贺阳、尤珈和杨洁等设计师为会议设计的礼仪小姐服装和火炬手服装等都在每一个细节体现出"中国元素"。前者以"青花瓷"为主要设计元素，后者以中国传统图案凤凰和祥云的组合为主题，同时以白色突出中国红（见图 3-2、图 3-3）。❶❷

图 3-2　2008 年奥运会礼仪小姐服装的"青花瓷"标志

图 3-3　2008 年奥运会火炬手服装的中国红设计

---

❶ 专访：服装设计师尤珈——青花瓷系列奥运颁奖礼服设计者.中国服装网，
2009 年 2 月 10 日.http://news.efu.com.cn/newsview-38688-1.html.

❷ 北京奥运会火炬手服装：白色为主突出中国红.腾讯网，2008 年 1 月 16 日.
http://2008.qq.com/a/20080116/000189.htm.

在 2014 年 APEC 亚洲太平洋经济合作组织北京会议期间，各国领导人及其配偶穿着华服出现在会议闭幕式，引起国内外的关注。本次服装以"各美其美、美美与共"为设计主题，提出"新中式服装"的设计主题，所有服装都采用了中式风格的外包装，如服装防尘外包装采用丝绵混纺面料、刺绣 2014 年 APEC 会议标识、饰手工一字襟盘扣；配饰外包装采用祥云图案的中国宣纸；男领导人服装采取了立领、对开襟、连肩袖，提花万字纹宋锦面料、饰海水江崖纹的设计，尽显中国传统文化符号的魅力（见图 3–4）。❶

图 3–4　2014 年 APEC 闭幕式各国领导人服装

重大活动的服装设计不仅弘扬了中国传统文化，还向全世界展现了中国人的新形象。这些重要的国际多边外交活动，规格高、影响大，为世界所瞩目，是民族服饰与文化最好的、最有力的传播。

在宏观层面上，服饰符号的选择还能促进社会凝聚力的构建。社会

---

❶　独家解密 APEC 新中装 睡衣也是定制款 . 腾讯网时尚频道，2014 年 11 月 10 日 . http : //fashion.qq.com/a/20141110/054504.htm.

凝聚力往往在归化和融合不同个体的过程中而产生具有象征性的意义系统；反之，个体在意义系统中，满足其群体性的不同归属。由个体归化所增强的社会凝聚力保证了社会整体的统一性和稳定性。比如，"新中装"作为中山装的传承创新正逐渐成为潮流。以中山装为核心的服饰体系替代西装，作为中国人正式场合的着装选择，起到了服饰符号特有的融合和涵化的作用。当人们通过服饰对中国的传统符号形成更强烈的感知和认同时，民族的凝聚力无形中增强了。

当然，面对审美疲劳，个体自身也会对某种服饰符号产生审美疲劳。从"本我"的角度看，人有对新生事物的好奇感，有对服饰的私人情境的幻想成分。因此，流行的大潮之中，人们也会尝试重新塑造自己的独特风格，进行独特的自我表达。同时，个性表现欲强的人会对稀有的东西更渴望。限量版的时尚艺术品或产品成为这部分人自我表达个性的途径。令人欣慰的是，服饰上的标新立异被认为是可接受的对标准的隐性背离，是社会生活中最安全的一种叛逆行为之一。追逐新潮流的过程中，将个性化调整在适度的范围内，在遵从群体的穿着标准与发扬个性之间保持平衡，会给人赏心悦目的舒适感。

综上可知，服饰符号不仅可以作为具有艺术美感的形式载体，还可传达出该载体所代表的意义。服饰符号的选择亦是着装者的社会情境与个人情境双向平衡的结果，反映了着装者社会身份、文化背景、意识形态以及性格情感等非物质的多重表达。

第四章
时尚符号的艺术性

艺术性是时尚符号的天然属性之一，是时尚符号不同于其他符号的重要标志。它使时尚符号成为承载与表现人类情感的重要介质。艺术以信息为走向，通过对经验中意义的探寻使人们的情感得到满足与愉悦。时尚是人类感知美、发现美、创造美、传播美的重要形式。时尚的起点是审美，它起源于人们对美的向往，对装扮自己的冲动。一方面，"美"与人的感性需要、享受、感官直接相关，是人类表示愉快的强体验；另一方面，美又有社会的意义和内容，与人的群体和理性相连。时尚符号正是通过艺术性的构成不断满足人们对美的需求和向往，增强人们对愉悦的情感体验。

第一节　时尚符号的审美功能

艺术是经验的认知工具，是人类审美活动的一种基本形式。艺术品将情感呈现出来供人欣赏与体验，而人们的这一体验过程即审美。人类在进化的过程中，在认知领域架构出了科学认知（理性与逻辑）之外的另一大经验，即审美建构。

人的意识的发展是一个将世界符号化的过程。从怀特海和罗素等人的逻辑符号论走向卡西尔的人类文化符号论，符号活动可以看作是人与动物相区别的标志，并把符号活动视为人类最基本的智力和心灵活动。在《哲学新解》中，苏珊·朗格指出："符号论是人民已认识到的开启精神生活的钥匙，而精神生活是人类独有的，它体现了高出纯粹动物性的水平。符号和意义形成了人的世界，这远远超过感觉的人的世界。"人的符号活动是从信号活动中发展起来的，符号活动高于信号活动的根本特点在于它已经包含了抽象和概括，产生了从个别到普遍的转化，由此出现了概念化的语言。概念是思想的第一需要。同样地，人的想象力也是随着符号活动产生的。"这种在联系之中想象事物的基本理性活动与符号活动是发生在同一智力水平上的活动，这种智力水平就是能够产生想象的水平，也是动物的智力和动物对符号的反应能力远远达不到的水平。因此，符号表现活动应被看作是人类智力活动的开端，这种开端或许是产生于语言神经机制开始形成的阶段。随着语言的出现，人类有进而发展出'预想'或'想象'等高等级的天赋能力。"❶ 在《哲学新解》中，苏珊·朗格还提到：符号活动是人类内部经验的一种转换活动。人把各种信息通过各种经验的分析、归纳和比较，以符号的形式表现出来，人类的说话、利益、艺术活动都无一不是经过符号的转换活动。❷

时尚符号往往表现为与创意和审美有关的艺术化、表达特定内涵并体现时尚感、商业性、文化性或审美性的色彩、图像、造型、语言、行为或观念等。艺术性是时尚符号的不可或缺的形成要素和表现形式之一。

俄罗斯语言学和符号学家雅可布逊（Jakobson）从"形式主义"和结构主义的角度提出符号的"美学功能"。❸ 雅可布逊从诗学研究中观察到构成艺术作品的能指之间通过物性层面形成相似关系，而这种相似

---

❶ 薛红艳.设计的视觉语言［M］.北京：化学工业出版社，2006.

❷ 薛红艳.设计的视觉语言［M］.北京：化学工业出版社，2006.

❸ 赵晓彬，韩巍.雅可布逊的美学符号学思想初探［J］.外语与外语教学，2011（3）：86–87.

关系又通过意指过程发挥作用从而影响到人们的审美定势，这种物性层面上的相似性所引发的意指关系，即平行结构，成为艺术作品中美感的来源，而"平行是以对等原则为运作机制的"。❶雅可布逊进而提出平行关系中符号的"内向符指过程"（imputed ntroversive semiosis），即符号指向符号本身。❷这种自指性，体现在艺术作品中就是具有相似性的审美符号指向信息自身。❸因此，艺术符号和图像符号、标志符号以及象征符号构成了符号的子类别。❹

　　雅可布逊提出了艺术符号的能指和所指之间存在着"成规相似性"。❺审美符号的美学意义往往受到来自社会、文化和习俗的影响，相同的结构在不同的文化环境下，受到诸多文化的影响而具有规约性的意义。❻如果以雅可布逊的成规相似性原则来理解艺术性传播，会发现符号的设计与创造过程产生了两大价值：文化价值与商业价值。审美符号的自指性（self-reflexity）能够吸引受众的目光落到符号上。当传者或设计师按照一定审美原则进行创作的时候，其产品或作品被按照某

---

❶ Jakobson R. Linguistics and Poetics. Poetry of Grammar and Grammar of Poetry［M］. The Hague：Mouton Publishers，1960/1981：27.

❷ Jakobson R. Languagein Literature［M］. Cambridge：MIT Press，1987：451.

❸ 特伦斯·霍克斯. 结构主义和符号学［M］. 瞿铁鹏，译. 上海：上海译文出版社，1977/1987：75.

❹ Winner T. Language，Poetry and Poetics［M］. NewYork：Mouton de Gruyter，1987.

❺ Jakobson R. Languagein Literature［M］. Cambridge：MIT Press，1987：451.

❻ Jakobson R. Poetry of Grammar and Grammar of Poetry［M］. The Hague：Mouton Publishers，1960/1981.

种文化指征而设计和创作出来。这一过程中将某一文化中特有的经过时间、创意和工艺等融合而成的无形价值以相似性原则置于所欲表达的对象（事物、理念或符号）中，并通过艺术符号形式表现出来，形成受众所能理解或关注的产品或作品。这一过程不仅承载了文化传播价值，如果在商业性传播中，其所形成的视觉引导和视觉说服，则促成了受众最终的购买行为。

另外，在审美符号中，对等关系的能指与一般符号有所不同，它获得的是美学功能或美学价值。以平行结构为媒介，艺术符号与其他符号产生类比性或相似性指示关系。

审美既是心理活动，也是符号创造。审美符号是相对于现实符号而言的，审美活动正是由现实符号向审美符号的生成❶。如着装，这一诠释服饰符号的行为中包含着审美创造、形体美和艺术美的一般规律，不同的社会文化背景在服饰符号的转码过程中，决定和影响着人们的着装风格。在对美的塑造上，就会产生不同的法则。

比如以毕加索为代表的立体画派，用圆柱体、球体和圆锥体作为重要元素来进行艺术表达，他们在画中努力削减画作的描述性和表现性，从而构建起一种几何化倾向的画面结构，以体现画面的结构美。另外，依据"同时性视象"的绘画原则，将物体多个角度的不同视象结合在画中的同一形象之上，以此来表达对象物最为完整的形象。立体主义的

---

❶　杨春时.美学［M］.北京：高等教育出版社，2010：116.

艺术家追求解析、重新组合的形式，表现的人物或自然事物似是而非，具有一定的抽象性和隐喻性。画面上的每个元素不妨理解为与要表达的事物具有相似性的符号，而画家则以一种超越同代、具有较高抽象性的、立体主义和超现实性的表现方式，展现出前人未曾尝试过的相似性符号的创意性艺术表达（见图4-1）。

图 4-1　毕加索画作《格尔尼卡》

艺术作为符号的语言，让创造者很自然地在相关领域进行自由转化。毕加索也曾为民间芭蕾舞剧《三角帽》设计服装。其设计思维和情感意趣在时装设计中也有所展现（见图4-2）。

图 4-2　毕加索设计的"三角帽"

2007年，著名建筑师法兰克·盖瑞（Frank O. Gehry）跨界为蒂芙尼（Tiffany）设计了六款别具个性的珠宝系列：Axis轴形、Tube管形、Fish鱼形、Orchid兰花形、Torque扭转形、Fold折叠形。他以建筑师常用的直线和弧面扭出全新风格，运用黑金、柏南波哥木及cocholong石等与众不同的材料组合成他的杰作，配以纯银、钻石与宝石，并以结构元素、童年回忆、文艺复兴大师及现代画家为灵感，或通过灵巧的角度、简单利落的线条释放无穷的内在力量，或以鱼儿自由自在的美态及魅力演绎出澎湃的生命力，又或以蜿蜒的线条和玲珑曲线的表面释放出妩媚的魅力，将生活中俯仰皆拾的事物进行了艺术化的提取与再创造，展示了符号艺术化转化的奇妙之处（见图4-3）。

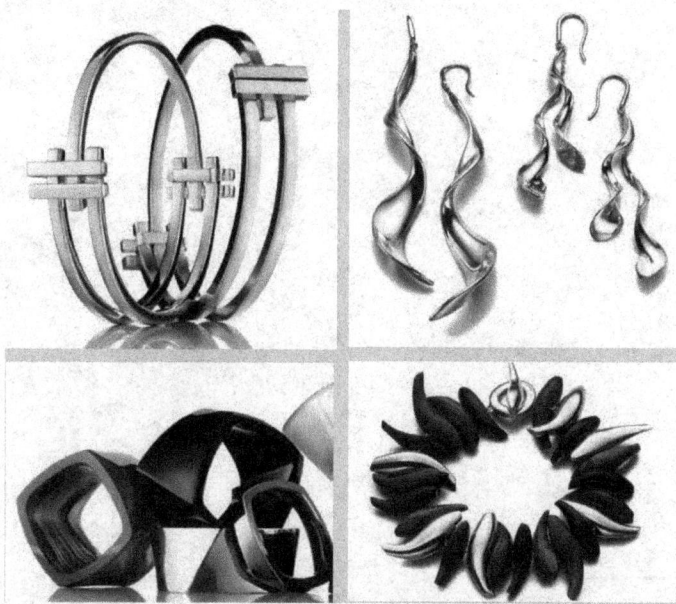

图4-3 法兰克·盖瑞为蒂芙尼创作的珠宝系列

盖瑞说："对我来说，建筑与设计着重于过程。绘图、制作立体模型、尝试不同的概念，这便是创作的本质，建筑如是，珠宝如是，任何一种艺术亦如是。创作的灵感源泉从不改变：发掘自然线条的新形态，呼应当代的生活模式。"❶

时尚品既是实用物质的必需品，又是具有审美精神的艺术品。时尚创意的贡献就在于在创造这些与被指谓对象具有相似特征的符号表征时，投入了无形的智力因素，在这一过程中，将个人的创意和艺术审美通过具有相似性的类比物置于传播环节中，成为传播内容，这些智力投入和创意形成了无形价值。

---

❶ 建筑师 Frank O. Gehry 的 Tiffany 珠宝设计 . 嗨客软件站，2007 年 9 月 8 日 .https：//www.hackhome.com/InfoView/184560_full.html.

第二节　时尚艺术符号的情感价值

艺术是经验的认知工具，是情感的表现。艺术是感觉的经验，是人类情感的符号形式的转化、表现或创造。"一切艺术都是创造出来的表现人类情感的知觉形式。"[1]人和动物一样，经验里充满情感，这些感觉和情感出现在高等有机生命体是因为它们具有明显的理解力。

时尚起源于人们对美的向往。一方面，"美"与人的感性需要、享受、感官直接相关，是人类表示愉快的强体验；另一方面，美又有社会的意义和内容，与人的群体和理性相连。时尚符号正是通过艺术性的构成不断满足人们对美的需求和向往，增强人们对愉悦的情感体验。

时尚符号的艺术性决定了其与人类情感的链接。其将人的经验和内在体验通过表象化的形式转化为人类可感知的图形、图像、物品、语言、观念或行为方式，通过这些表象形式为人类的情感、经验赋予了特

---

[1]　吴凤.艺术符号美学——苏珊·朗格美学思想研究［M］.北京：北京广播学院出版社，2002：11.

定的意义与内涵。在这里特别强调"转化",是因为时尚符号产生的过程并非简单的复制或一对一的再现,而是创造者通过对原对象的抽取或提取,创造出的表达特定内涵的表现形式。在这个创造过程中,具有文化价值、商业价值和艺术价值的时尚符号得以诞生。

情感是人类经验形成的组成部分(如记忆的情感、愤怒、担心、恐怖、向往、爱、饥饿、渴望、极度的高兴等)(喜欢和厌恶)。艺术是包罗一切富有情感性的认知,为经验提供意义建构的情绪的性质。

时尚品是将情感呈现出来供人欣赏、体验与购买。时尚品不完全等同于艺术品。时尚品更具有潮流性,而对于时尚产品而言,潮流性的获得增强了其商业价值。而时尚产品商业价值的获得不仅取决于其高于普通商品的功能性,还在于其可欣赏性和更具情感价值的属性。艺术审美的符号化转化赋予了时尚品以极强的情感价值。

从商业角度看,时尚符号艺术化表现的往往能引发消费者"情感关注",影响消费者立场和观点,引发情感共鸣。消费者总是主观性情绪化地吸收自己感兴趣的信息并采取相应的行动,在许多情况下,情感先于理智更早地促使人们采取行动。情感在交换价值中是为了激起和满足目标顾客的情感需求。时尚符号的情感劝说效应易于激发消费者情感,引起购买欲望、促进消费行动。比如,图像中情境渲染和画面的色彩、形状等要素整合,能唤起受众的味觉、触觉、嗅觉、视觉和听觉的感受,突出产品的特性,吸引受众购买。同时,通过在客观事实的基础上夸大产品功效来抒发鲜明的感情态度，引起目标受众的强烈共鸣，也可以实现其劝说功能。这个过程的"情感关注"更像是不确定的、模糊的并且内化的情感体验。接收过程可以定义为"发送过程中的镜像形象"。观者首先看到形象——符号，然后从一系列的形象事件中推导出故事架构，通过展现的形象推导出思想体系，并最终自发启用"情感关注"。

第五章
时尚符号的文化性

时尚具有的鲜明的文化性，它不仅反映出所处时代的人们思想情感的总趋势，而且反映出风俗、宗教、艺术、历史等文化的各个方面。洛特曼指出："文化是用特定方式组织起来的符号系统。"[1] 也可以认为，符号本身便是人类文化的载体形式和传承工具，具有文化抽象、保存、表达和传播等功能。

时尚符号是依据一套组织规则编排并为特定文化的共同成员所认同的符号系统，它承担着探寻、发现、记录、创造、传承与传播特定文化的意象价值的作用。独立于文化的时尚符号是不存在的，因为无论符号的解析还是符号的创造，其总是与某些特定文化有着千丝万缕的联系。

---

[1] 康澄 . 文化及其生存与发展的空间——洛特曼文化符号学理论研究 ［M］.南京：河海大学出版社，2006.

第一节　时尚符号的东方文化起源

　　时尚符号不是西方时尚文化的专属，它有深厚的东方渊源。回望历史，中国人早在几千年前就已经悟出了时尚的精髓，并在国家管理中加以实施和利用，开启了东方化时尚发展历程，这在全球的时尚衍变中是颇具引领性的。

　　历史上，人类服饰经过几千年的演变，形成了丰富特色的符号体系，如服饰的款式、颜色、面料、配饰等。各个民族服饰语言符号都无一例外地留下了各自的文化烙印。服饰不仅体现了物质文化和精神文化的统一，以及审美主体内的情感外化，还在一定程度上透视出特定社会以及民族的政治、经济、文化、习俗以及审美倾向。

　　近现代工业革命在西方的快速推进及时尚产业在西方的兴起，使得人们的目光纷纷投向了现代西方时尚。20 世纪，有的西方学者甚至将时尚的原点定格在 17 世纪路易十四时期的法国宫廷，时尚在工业化大潮的挟裹下被过度商业化和西方化。

而中华文明史上下五千年，早在尧舜禹的上古时期，黄帝已"垂衣裳而天下治，盖取诸乾坤"。而《尚书正义》载："冕服采章曰华，大国曰夏。"中国大国雄风，历经数千年，华夏服饰为人类文明谱写了华丽篇章。❶古人以服饰华采之美为华；以疆界广阔与文化繁荣、文明道德兴盛为夏。"华夏"之称正是对中国大国雄风的真实写照。

公元前，中国已经具备了完善的服饰时尚体系和时尚标准。服饰不仅代表社会风尚、承载政治功能，还肩负了道德教化的社会职责。比如，汉服的服制体系在古代就有昭名分、辨等威、别贵贱的作用，展现了当时的等级文化、亲属文化、政治文化以及儒家的仁义思想。由此看来，中国古人已对服饰有了深刻的思考，对时尚的在上层建筑的作用已经有了极为透彻的理解，这一点体现了东方文明的深刻性和卓越性。

中国古代社会以服饰礼仪为重要表现形式，形成了较为严格和敬畏分明的礼仪制度。早在尧舜禹的上古时期，中国已经开始了与服饰有关的礼制，"以衣载道，礼化天下"成为中国古人最明显的服饰哲学。以服饰时尚为源头，中国传统文化中孕育了一套完整的时尚符号系统。

---

❶　［汉］孔安国.尚书正义［M］.［唐］孔颖达，正义.上海：上海古籍出版社，2007.

第二节　中国传统的时尚符号

《礼记》中关于战国时期人们佩玉的习俗曾有这样的表述："古之君子必佩玉，……居则设佩，朝则结佩，……凡带必有佩玉……天子佩白玉而玄组绶，公侯佩山玄玉而朱组绶，大夫佩水苍玉而纯组绶……"（释义：天子佩白玉而用天青色丝带系结，诸侯佩山青色的美玉而用朱红色丝带系结，大夫佩水苍色的美玉而用黑色丝带系结。）❶此时服饰体系承载了政治功能，并成为政治统治与道德教化的纽带。在由宫廷发起的礼仪教化之下，佩玉成为从上至下的礼仪规范和风尚，"以玉比德"成为一种社会认同。从汉代的一套组玉佩的构件和西汉南越王墓出土的一套完整的组玉佩，我们可以欣赏到先人的高超工艺（见图 5-1、图 5-2）。

汉朝（公元前 202—公元 220 年）时，汉服以周礼为基础，经过儒家经史体系《尚书》《周礼》和《礼记》等继承下来并作为吉礼、凶礼、宾礼等礼仪的礼服。比如，冠礼作为男子的成人礼，周朝士大夫年及

---

❶　礼记译解［M］.王文锦，译解.北京：中华书局，2016：378-379.

二十行冠礼，王公年及十五而冠。

从关于时尚的记载来看，中国古人对服饰的多功能应用，表现了中国人极高的智慧和对时尚深刻的理解。同时，也从侧面反映了中国深厚的文化底蕴和富沃的物质基础。

图 5-1　汉代组玉佩构件　　图 5-2　西汉南越王墓组玉佩

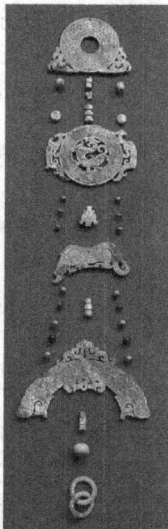

中国的色彩体系也体现了其时尚性与极强的符号价值。比如，中国传统的"五行色"以传统哲学思想为根基，对东方色彩体系的形成具有深远影响，它与中国古人的色彩审美意识和阴阳五行息息相关，奠定了我国古代的色彩美学思想基础。周代把"白、青、黑、赤、黄"五种色视为正色，象征高贵。五色又分别与"五行"相对应：赤为火、青为木、黄为土、白为金、黑为水。传统艺术作品以"五色"为主，以"色"绘"神"体现无尽韵味，注重笔墨意趣的传达与主观性灵的抒

发，讲求写意与传神。在周礼《考工记》中记载："画缋之事，杂五色。东方谓之青，南方谓之赤，西方谓之白，北方谓之黑，天谓之玄，地谓之黄。青与白相次也，赤与黑相次也，玄与黄相次也。青与赤谓之文，赤与白谓之章，白与黑谓之黼，黑与青谓之黻，五采，备谓之绣。土以黄，其象方天时变。火以圜，山以章，水以龙，鸟兽蛇。杂四时五色之位以章之，谓之巧。凡画缋之事，后素功。"❶《考工记》的记载显示中国古代绘画和刺绣等工作已开始调配五方正色，色彩运用有很高的要求。其中赤色与黑色相呼应，画天随时节变化而施布不同的彩色。适当地调配四时五色使彩色鲜明，这才叫技巧高超。因此，周、汉、唐代，皇帝最重要的礼服祭祀用的冕服，皆为玄衣红裳，即上衣黑色，下裙红色（见图5-3）。

图 5-3　中国传统冕服

---

❶　考工记［M］.闻人军，译注.上海：上海古籍出版社，2021：76.

　　还比如，汉服符号以其丰富的文化内涵在中国乃至世界服饰史上独树一帜，从汉服本体上来看，其反映出当时人们的文化认同、文化传承和文化自信。汉服作为反映当时社会生活、文化特点与艺术情趣的一面镜子，以锦、绮、罗、纱、绢、绫等织物的样式和夹缬、蜡染、绞缬等各种印染技术，诠释着雍容典丽的大唐文明❶。当时的女性服饰尤其重视审美效果，长安士庶女子在室者搭较长的披帛，一般应用薄质透明纱罗做成的长状巾子，多旋绕于手肩间，上面印花或加泥金银绘画；还比如女子的带束，除了胡服腰系的鞢带外，一般有纱带、罗带、锦带，在带结中有合欢结、同心结等，将尾束结于前身飘垂，更显得身体婀娜多姿、颀长秀丽。另外，在袍装的翻领、袖襦、护腕、前襟上也都加饰美丽的图纹，使整个服饰闪烁着典雅别致的情调，体现了唐朝人随时事而变动的美学范式，以及盛世的雄浑之音、壮丽气象之间的别具一格的碧烟杨柳、红粉绮罗风貌。由此折射出唐代士人的刚柔相济的美学追求和文化意趣❷。唐代的《簪花仕女图》也许可以让我们为唐代的旖旎的时尚符号投下惊鸿一瞥（见图5-4）。

❶　罗丹丹.唐代服饰设计史料研究［D］.湖南工业大学.

❷　李惠.从唐诗柳意象看唐代士人审美趣尚［J］.延安大学学报（社会科学版），2010，32（6）：81-84.

图 5-4 唐代绘画《簪花仕女图》（部分）

据传《簪花仕女图》是唐代周昉所绘。画中描写了六位衣着艳丽的贵族妇女及其侍女于春夏之交赏花游园。画作以工笔重彩绘制，全图六个人物的主次、远近安排巧妙。狗在传统文化中往往代表忠诚与安定，鹤代表祥瑞。这些动物出现在画作中带有较强的喻意，暗示着画中人物的富足与安逸，而画中贵族妇女半罩半露的透明织衫，浓丽的设色，头发的钩染、面部的晕色、衣着的装饰，都极尽工巧之能事，较好地表现了贵族妇女的细腻柔嫩的肌肤和丝织物的纹饰，使人物形象显得丰腴而华贵。这既反映了当时社会关系、人们的精神风貌、生活意趣和技术发展水平，也反映了服饰时尚潮流。

还有中国古代女性独具特色的妆容、发型与首饰风格，与服装一同组成了独具韵味的传统服饰符号。"额黄""花钿"与"高髻"等面妆、发型，无不证明古人的前卫。它们与华服和谐统一、别有谐趣。《后汉

书·马援传》中描述："城中好高髻，四方高一尺；城中好广眉，四
方且半额。"❶还如，《西京杂记》中云："文君姣好，眉色如望远山。"
文中描述的西汉的眉形和眉色都是当时具有流行性的时尚符号（见
图 5–5 ）。

图 5–5　汉代卓文君像

北朝的《木兰诗》中描述："当窗理云鬓，对镜贴花黄。"❷花黄是
北朝后宫贵妇少数女人装扮的秘方，从宫中流出，民间女性纷纷效仿。

时尚符号是不需翻译的人类共通的跨文化语言，在不同的时代里与
其他文化激流碰撞时，它往往会出现传统的解构与创新的开始。不断更
新变化的时尚样式与审美潮流，展现了时尚符号无穷的文化影响力和长
久的生命力。

---

❶　刘建峰 . 古典诗词中的女性时尚服饰［J］. 美术大观，2009（1）：164.

❷　卢晓周 . 中国时尚的前世今生［J］. 科技智囊，2011（5）：85.

第三节　现代时尚品牌的文化元素

　　企业在品牌塑造过程中，其核心动力和精神来源主要源自品牌文化。在中国，建筑、服饰和家具等都载有文化的基因，比如，在老字号食品之前冠以"御"字，在服饰设计中加入传统刺绣或图案等，都显示了品牌对文化的青睐。国际知名的时尚品牌通常会保留或制造一些有宫廷文化特色的元素。纵观世界一流奢侈品，其深入骨髓的文化基因，是颇能给后起的时尚品牌缔造者一些启示的。纵观世界一流奢侈品牌无不深深扎根于其本民族文化根源，在文化内涵的表现力上不断地挖掘和诠释。

　　例如迪奥（Dior）最钟爱的设计元素之一蝴蝶结，这一元素来自法国路易十六，在当时的宫廷服饰中被频繁使用，在该品牌的服装、配饰和包装都可以看到蝴蝶结这一符号的变形（见图5-6）。

图 5-6　迪奥品牌的蝴蝶结元素

在国内，中山装作为中国的正装有着特殊的符号意义。中山装由孙中山先生创建，从民国时期到新中国建立一直被认为是中国人的正式着装。在 1949 年开国大典上，毛泽东主席曾穿着中山装，站在天安门城楼上宣布中华人民共和国成立。这样的服饰符号是在向世界传递中国的独立精神和全新形象。

如今，人们对带有中国文化基因的服饰符码越来越崇尚，比如盘扣、刺绣等元素越来越多地出现在日常人们的服饰上（见图 5-7）。

图 5-7　中式盘扣

龙纹更成为男士颇为喜爱的传统装饰图案，无论在传统服饰，还是玉石雕刻等，都常看到龙的图案（见图 5-8）。

图 5-8　中国传统艺术品中的龙纹

　　这些元素作为中国传统文化元素的一部分被传承下来，并逐渐成为设计师的设计元素。时尚符号承载了深厚的传统文化基因，对其文化内涵的深度挖掘，是塑造具有民族特质的国际化品牌的根本。

　　"民族的才是世界的"。要创造出既有文化深度、创新能力，又有影响力的世界品牌，中国企业或许还需要更多的文化研究者和传播工作者的共同协作。

第六章
时尚符号的商业性

第一节　时尚符号的商业价值

　　商业性是时尚品的天然属性，是时尚品与艺术品的分水岭。具有潮流性和文化性的艺术品可以成为时尚品，但时尚品明显更加指向于具有商业价值和商业属性的物品。

　　时尚符号的功能不仅能够实现信息或价值的忠实传达，还能够满足受众的情感需求。时尚品牌往往是一套完整的符号体系的载体。随着符号在时尚品牌中越来越机制化地应用，消费者在各种媒介的教化之下，越来越倾向于形成符号消费，也就是，当消费者认同品牌的内涵，会对品牌投入更多的情感，即排他性地选择带有某些特定符号标识（品牌Logo、代言人、带有品牌辨识度的色彩、款式和配饰）的品牌。在时尚产品广告中，符号价值被放大凸显，甚至有时超越了商品的第一特性"使用价值"。通过网络、电视和杂志，时尚品广告将品牌的符号意义演绎得如火如荼。

　　布希亚认为，人们正在从一种由那些与各种商品相联系的符号和符码所统治的社会转向一种由一些更为一般性的符号和符码所统治的社会，人们正在趋于将一种抽象和模式化的符号系统普遍地确立起来。在商品社会里，人们消费的目的不再是满足生存的需要，而是想通过消费来达到其他的目的。"符号价值表达的是式样、风格、声望、权力等。在现代社会中，这种符号价值已经成为商品和消费品的重要组成部分。购置物品已经不是因为这些物品本身具有的内涵（包括使用价值和交换价值），而是因为这些物品所代表的符号价值。"❶

品牌符号价值是品牌资产的主体部分，它是驱动消费者识别、记住、喜欢乃至爱上一个品牌的主要力量。它与品牌识别体系共同构成了一个品牌的独特定位。❷品牌符号价值是商品的无形资产，是该品牌拥有的区别于其他品牌的、不可替代的、基本的、持久的资产。

品牌的高溢价能力是品牌获得高额利润、实现市场价值的重要手段。但获得品牌高溢价的关键在于品牌的自我表达性价值，即符号价值。当品牌在传播环节中体现了较高的自我表达性价值，其品牌溢价能力就高，品牌的价值也随之提升。

正如罗兰·巴尔特所说：激起欲望的是名而不是物，卖的不是梦

---

❶ 杨伯淑，李凌凌.资本主义消费文化的演变、媒体的作用和全球化［J］.新闻与传播研究，2001（1）：38-40.

❷ 周林森，张立.论品牌情感性价值的创造［J］.商业研究，2004（14）：141.

想而是意义。❶品牌的自我表达性价值是服饰符号价值的最直接体现，它可以极大地促成顾客对品牌的情感。高端客户往往比较关注品牌的内涵，即品牌通过包装、广告、宣传和客户体验等所表现的核心主张，以及其在品质和理念等方面的追求。品牌成为消费者表达个人价值观、财富、身份地位与审美品位的一种载体与媒介。某种品牌的自我表达性价值高，是因为其所体现的情感性价值高，情感在交换的价值中很重要。激起和满足目标顾客的情感需求，创造品牌独特的情感性价值是品牌推广中的一大诉求。消费者总是主观性情绪化地吸收自己感兴趣的符号信息并采取相应行动，在许多情况下，情感先于理智更早促使人们采取行动。

迈克尔·戈德海伯在《注意力购买者》中提出了"注意力经济"的概念。管理学家达文波特也曾在其畅销书《注意力经济》中这样写道："在新的经济下，注意力本身就是财产，金钱将与注意力一起流动"，"目前，有关信息经济的提法是不妥当的，因为按照经济学的理论，其研究的主要课题应该是如何利用稀缺资源，而在信息社会中信息不但不是稀缺资源，相反是过剩的，只有一种资源是稀缺的，那就是人们的

---

❶ 罗兰·巴尔特，让·鲍德里亚.形象的修辞：广告与当代社会理论［M］.吴琼，杜予，编.北京：中国人民大学出版社，2005：36–52.

注意力"。❶

在现代，时尚符号被赋予了更多的商业价值，时尚符号成为品牌吸引关注、进行视觉说服的手段。为了提升品牌价值，各大时尚产品纷纷利用各种宣传手段以获得更广泛的注意力资源，注意力资源可以通过媒体产生，并可以再回到传播媒介，在媒介传播中产生更大的传播价值，借此创造财富资本。

比如，时尚品牌香奈儿（Chanel）20世纪10年代创立时刻意营造的低调奢华和极简风格，成为那一时代颇具影响力的一种品牌。其创始人香奈儿女士优雅而独立的形象成为那个时代女性获得社会地位、赢得社会影响力的标志。香奈儿秉承的设计理念：高雅、简洁、精美，被众多消费者追捧。作为老牌的国际奢侈品，这个品牌有一系列已被成熟运作的符号，成为品牌可以不断创造设计灵感与产生表达性价值的宝贵资产。品牌代表性的时尚符号至少有10种："双C"Logo、山茶花、Tweed Jacket外套、斜纹软呢、黑白格纹、菱格纹、数字5、珍珠、麦穗、小黑裙。其中，香奈儿"双C"Logo被认为是香奈儿女士和她的灵感来源凯瑟琳·美第奇的名字的结合。两人都是具有传奇色彩的独立女性，似乎暗示品牌的品位和灵感。这组符号应和品牌定位和设计特征，似乎暗指其向具有独立精神和职业追求的女性致敬的意味。还比如山茶花元

❶　托马斯·达文波特，约翰·贝克.注意力经济［M］.谢波峰，等译.北京：中信出版社，2004：95.

素被应用在该品牌的多种品类的设计中，这不仅是香奈儿品牌的时尚标志，也是该品牌的设计美学寄托（见图 6-1）。

图 6-1 香奈儿品牌山茶花标志

再比如菱格纹，最初灵感来自赛马场里的骑士夹克和马鞍上的线条，爱好马术的香奈儿把它转化成设计元素，应用到服装、包包和配饰上，以至于以菱格纹为主设计元素的 2.55 链条包成为该品牌最具代表性的作品之一（见图 6-2）。

图 6-2 香奈儿品牌不同品类中的菱格纹标志

2020 年 12 月，香奈儿在法国舍农索城堡举办了 2020/21 Métiers d'Art 高级手工坊系列发布会。这个城堡曾是凯瑟琳·美第奇的旧址，该时装秀将品牌符号与城堡中多处图景作了对应，城堡里满地都铺菱格地砖似乎与香奈儿经典菱格纹互相呼应，似乎再次暗示凯瑟琳·美第奇为品牌灵感源泉。这些代表性符号成了品牌的灵魂和源源不断的设计驱动。

第二节　时尚符号消费

　　时尚符号消费最大的特征就是表征性和象征性，即通过对时尚产品的消费来表现个性、品位、风格、社会地位、文化认同和社会圈层。在"符号消费"的过程中，消费者除消费产品本身以外，还消费这些产品所象征和代表的意义、内涵、品位、格调、美感和气氛，即对这些符号所代表的"意义"或"内涵"的消费。

　　如果说商业化的时尚符号通过商品来表达某种意义或信息的话，那么，时尚符号消费则是将时尚产品作为符号表征的承载物，以符号的内涵和意义作为内核激发消费的欲望。具体而言，品牌往往从以下几个层次激发消费者的符号消费：

　　第一，产品外观符号。作为时尚产品外观上的符号元素，如色彩、图案、装饰、造型、材质、包装等，传达了产品本身的定位、格调、档次和美感，这构成了符号消费的引导性环节。始于1837年的钻石银饰品牌蒂芙尼（Tiffany）的包装特色较为鲜明。蒂芙尼在全球拥有众多忠实用户，为了展现品味，品牌将代表清新、静谧与深邃的湖蓝色作为外包装色调，然后配以象征纯洁的白色缎带，与银色为主要色调的饰品相得益彰，使其成为清新洗练风格的代表（见图6-3）。

图6-3　蒂芙尼的蓝色礼盒

　　第二，表达性符号。产品的社交表达性元素，如产品所代表的使用者社会地位、身份认同和品位（社会含义）。品牌利用视觉符号的标记性极大地唤起顾客对品牌的情感，以满足消费者的自我表达性价值。高端客户往往比较关注品牌的内涵，即品牌的形象、文化内涵、代言人、广告、宣传、客户体验和社会评价等，以及其在品质和理念等方面的追求。品牌成为消费者表达个人价值观、财富、身份、地位与品位的一种载体与媒介。消费者认同品牌的内涵，就会对品牌投入更多的情感，继而成为品牌的忠实用户。国际知名品牌选用国际明星代言产品，正是为了使观众产生这个场景真实存在过的联想，明星魅力四射的面孔几乎成为品牌的标记，即产生所谓的"名人效应"。名人符号通常具有独特而鲜明的性格和魅力，以区别于受众在解码时对其进行的"一般化"解读。名人符号以符号能指层面独一无二的魅力形象引起受众的好感，感染他们的情绪，名人符号在能指层面所具有的美学功能更容易对受众进行"软化"和"催眠"。明星所具有的关注力的大小也决定了他们的"催眠"效果,更高的人气能吸引更多的关注力,对品牌来说也具有更高的商业价值。

第三,消费环境。作为消费的空间符号,消费环境能够极大地影响消费者对品牌的整体印象。店面的空间大小、色彩、搭配、风格、美感、服务人员等都直接或间接地营销消费者的心理感知。环境的营造也是符号意境构成的一部分。符合产品定位的优良环境能够让消费者更易产生认同感与喜悦感,最终促成消费行为。

符号消费是一种理念性的实践,而非物体,消费所涉及的乃是文化符号及符号间的交互关系。崭新的生产力在被创造出的同时,也对符号意义的创造形成压力。就消费者而言,当人们对一种商品的兴趣减少时,对另一种商品兴趣便会等量地增加。时尚消费也是如此,当一种时尚符号衰退时,必然预示着另一种时尚符号的开始。

在符号消费环境下,消费者不再将消费性物品视为纯粹的物品,而是将其视为具有象征意义的物品,消费也不再是纯粹的经济行为,而是转化为在某种符码之下,以差异化的符码作为媒介所进行的文化行为。符号消费进一步促成了品牌表达性价值的实现。

营销专家马丁·林斯特龙历时 5 年,在对全球数百名研究者和数千名消费者展开的调查中发现,消费者忠诚甚至沉迷于某一品牌,最大的原因在于情感的触动与归属,而非理性的推理及判断。[1] 不能触动

---

❶ 马丁·林斯特龙 . 感官品牌 [M]. 赵萌萌,译 . 天津:天津教育出版社,2011.

情感的信息，不论其含有多高的信息价值，都很难在大脑中沉淀下来，而是经过大脑层层过滤之后，成为垃圾信息。时尚符号的商业价值就在于其通过视觉传播唤起受众情感诉求，提升了消费者对于品牌的偏好和情感依赖。品牌的溢价能力主要取决于消费者的情感因素。消费者愿意支付高出标准水平的价格购买品牌产品，是因为品牌具有情感价值。品牌创造出许多无形的品牌联想和高于其他品牌的形象，使消费者相信该品牌品质卓越、做工精良，相信其品牌悠久的历史、良好的社会形象能彰显穿着者的社会地位和品位，是消费者情感因素促成了购买行为。因此，在传播中，通过时尚符号唤起受众的情感关注、创造品牌联想、塑造品牌的高端形象，成为传播的重点。

巴尔特曾说："意象系统把欲望当作自己的目标，其构成的超绝之处在于，它的实体基本上都是概念性的：激起欲望的是名而不是物，卖的不是梦想而是意义。"经济学家凡勃伦 1899 年在《有闲阶级论》中说"服装是金钱文化的一种表现"。他用"炫耀性消费"和"明显浪费"原则解释人们追求时尚的行为，他认为服装具有证明支付能力的职能，是炫耀性消费的代表。[1] 鲍德里亚认为：在消费社会中，人们的精神及信仰由消费意识形态形塑，在消费意识形态背后隐藏的则是资本和权力。因此，消费社会是一个由资本与权力制造出的消费意识形态引导的符号社会，符号消费背后的"意义系统"区隔与重建了社会

---

[1] 凡勃伦. 有闲阶级论——关于制度的经济研究 [M]. 蔡受百，译. 北京：商务印书馆，1964.

格局。●

从凡勃伦的炫耀性消费到鲍德里亚的符号消费的提出，我们可以看出符号消费逐渐渗入现代商业的各个层面并扮演着越来越重要的角色。商业的快速发展和技术进步带来的更大层面的物质丰富极大地激发了人们的消费欲望，传媒的规模性扩张也逐渐让人依附于传播编码与解码。

但是，值得一提的是，传媒不可能把商品符号变为人们的消费对象，即不可能把概念变成物质，只能增强商品在消费者心里的认知和喜爱度，增强商品对消费者的吸引力。从商业关系看，只买符号而不买商品的消费关系是不能长久的，也是不健康的产业氛围。符号消费的基础仍然是物质消费，符号化传播应该兼顾商品的使用价值和符号价值，在塑造品牌形象的同时还应以功能型价值为依托，以全社会可持续发展的理念引导消费，才能促进商业机制的健康运行。

● 王慧敏，赵玲.鲍德里亚符号消费理论的哲学思考［J］.通化师范学院学报.2020，41（7）：112–113.

第三节　产业化的时尚符号

在经济快速发展的背景下，现代商业快速席卷全球的各个角落。时尚符号成为时尚产业的核心渗透到从研发、生产到营销、传播的各个产业链条中。时尚符号的特别之处还在于其更趋精神化，在商业繁荣的背景下，成为刺激消费、激发购买欲的重要手段。

资本及其所开拓的市场不仅将传统手工艺的时尚版图完全纳入其布控范围，还在大工业和新要素基础上打造其规模化巨量生产航母，由此形成传统与现代叠加的时尚工业体系，以及因承载这一体系而获得全球时尚辐射力及世界市场牵引力的所谓"时尚之都"。[1] 时尚符号处在大工业时代背景下已经被纳入非自存性制度框架，也就意味着它不仅不是想象中的诗意符号自由，而且更是管制中的异化符号压迫。在这个"管制中的符号压迫"事态中，无论是时尚消费者身份的所谓"不仅仅

---

[1]　Elizabath Wilson. Adorned In Dreams：Fashions And Modernity［M］.London：I.B.Touris &Co. Ltd, 2003：135.

谈论他的服饰，而且还谈论他的家居，家中的陈设与装潢，汽车及其他活动，根据这些东西有无品位，人们就可以对它们的主人予以解读或进行等级、类型的划分"。❶

时尚生产是符号生产，时尚产业是以符号生产为核心的产业领域和产业链条。它区别于一般意义符号的诸如"符号象征着特定观念生成或修饰的某种内容"，也就是说，与一般符号作为去物化意义指涉或意义象征所不同，时尚符号的重要存在特征之一就是其意义指涉的物性呈现方式，它所链接的是人的物性欲望或物的人性意象，而非超越物质的意义、价值或精神诉求，抑或完全与人隔绝开来的物自体，所以鲍德里亚将其描述为"美丽的逻辑，同样也是时尚的逻辑，可以被界定为身体的一切具体价值、（能量的、动作的、性的）"实用价值"向唯一一种功用性"交换价值"的蜕变。因为美丽仅仅是交换着的符号的一种材料，它作为价值/符号运作着"。❷

齐美尔将时尚的流动视为从较高阶层向较低阶层的扩散过程，上层永远处于表达风格的时尚制造者的位置，而下层出于对上层生活的向往而总是在模仿。齐美尔认为时尚是具有社会等级性的事物。较高社会阶层总是通过时尚来与较低社会阶层区分，当较低社会阶层模仿较高社会

---

❶ 迈克·费瑟斯通. 消费文化与后现代主义［M］. 刘精明，译. 南京：译林出版社，2000：127.

❷ 让·鲍德里亚. 消费社会［M］. 刘成富，译. 南京：南京大学出版社，2008：199.

阶层开始流行某种时尚时，较高社会阶层就会抛弃这种时尚，重新制造另外的时尚。时尚一方面意味着相同阶层的联合，意味着一个以它为特征的社会圈子的共同性，但另一方面在这样的行为中，不同阶层、群体间的界限被不断突破。[1]按齐美尔的理论理解，如果没有不同的社会阶层，而且如果没有人想翻越社会阶层的藩篱爬向更高的阶层，时尚似乎不是那么必需。他还认为时尚有着双重特性，一方面是模仿的特征，对时尚的模仿满足了社会依存的需要，把个体引入了大众共同的轨道上；另一方面，时尚有着差别化的特征，个体通过时尚显示出与众不同。总的来说，人们试图在社会平等化倾向和个性差异魅力倾向之间妥协，这两种倾向相互作用，使时尚不断变化，从原有的时尚发展变化出新的时尚。

时尚符号生产区别于影视生产和美术商品生产等的生产类型，虽然它们有时叠合，有时非叠合。但时尚符号的差异性特征却难以取代——商业化的时尚符号生产乃是一种融商业价值、艺术审美、文化牵引、欲望诱引等诸种目的性为一体的复合型行为过程。

时尚产业所从事的时尚符号生产涉及诸多环节，因此时尚符号成为产业分工合作、跨文化协同的见证者。

没有全球市场整体意识的时尚符号生产，无论其产品多么吻合生产

---

[1] 齐美尔.时尚的哲学［M］.费勇，译.北京：文化艺术出版社，2001.

者自身的目的性诉求，或者在地缘文化边际内多么吻合麦尔考姆·巴纳德（Malcolm Barnard）时尚交往功能定位，亦即所谓"按照符号学模式，无论服饰设计师、着装者还是观众，都不是以意愿提供意义的唯一来源，而是这些角色之间协商谈判的结果，……带着他们自身的文化体验与文化期待，承载于意义生产与交往的服饰中。意义得以提炼，尔后，则通过交流过程，相对权威形态得以建构"，都无法实现现代时尚产业在大工业背景和大数据时代的规模化绩效目标。这中间隐存着两个条件限制：一是如果符号生产及其时尚产品的意义指涉不能在全球范围内流行和认同，那么符号意义的可接受性及符号产品在多元文化格局中的可通约性，就会在作茧自缚中形成孤岛文化效应，而这显然悖离于天下大势和文化全球化潮流及其全球体系的文化逻辑，亦即悖离于"理解文化生产和再生产的方法依赖于对认同空间变动着的构成成分和它们的相伴随的策略的理解……认同构造正是全球体系的历史性的动力部分"。❶

二是如果细究其框架和维系，不难发现：时尚产业既包含诸如产权保障体制、资产评估体制、原料配给体制、价格商谈体制、标准核裁体制、生产分工体制、市场准入体制、消费监管体制、跨国贸易体制、零售扩张体制以及利润分配体制，亦包括诸如偶像塑造机制、观念扩散机

---

❶ 王列生.时尚产业：符号生产与市场操控［J］.艺术百家，2014（4）：52-61.

制、品牌烘托机制、风格推介机制、设计创新机制、社会诱导机制、符号阐释机制以及潮流漫溢机制。这些体制机制有些由官方主导，有些则由行业主导，或者体现为"显规则"的契约形态和合法化权威文本形式，或者体现为"潜规则"的行业惯例和由行业制约所产生后果的个体自律。总之，诸如此类的制度框架功能，支撑、保障和维护着时尚产业全球时尚市场运行的公平性、效率性、开放性、竞争性、稳定性、创新性和可持续性。它在残酷地让企业破产、投资失败、品牌湮没甚至偶像沉沦的同时，更多地创造着神话般的诸如"现代时尚的黄金时代，曾使得巴黎人的高级时装业成为产业中心：新奇事物生产与小规模制衣所模仿的焦点"。❶

　　时尚产业全面进入合作共存的时代，这为后起时尚产业国家、时尚产业城市或者时尚产业企业留有准入的良好时机。时尚符号的产业化将成为这场力量角逐中极为重要的物料、手段和途径。它随着时尚产业的全球化发展，也将带动时尚文化、时尚审美的全球化互融与互通。

---

❶　Gilles Lipovetsky. The Empire Of Fashion：Dressing Modem DeMocracy.Translated by Catherine Porter.New Jersey：Princeton University Press，1994：88.

第七章
时尚符号的视觉化

第一节　视觉符号

　　视觉符号似乎是一种再现媒介，一种图解性质的符号，视觉表征承载的意义，较之文字语言是一个非常简单的意义提取过程。视觉符号包括：图形、图像、文字、色彩、图表、符号、表情、体态等。可视信号是最直观的信息。通常，处理视觉信息的速度要比处理文字和声音的信息快很多；同时，视觉信息更形象生动，更容易被记住。因此，"看"成为人们更有倾向性的感知行为。人们不仅乐于捕捉视觉信息，也更容易对视觉信息形成深刻记忆。

　　美国加州大学洛杉矶分校的著名心理学者艾伯特·麦拉宾（Albert Mehrabian）的研究成果表明在人们的语言交流中，7% 的信息来自对方的语言，38% 的信息来自对方的谈话方式（语气、语调等），而 55% 的信息来自表情。也就是说，在人际传播过程中，55% 的信息是通过视觉获得的。从更广义的大众传播角度看，也有科研成果表明，在人类所有的感知信息中，视觉信息占 83% 以上。[1] 视觉是人类获取信息、

---

[1]　任悦. 视觉传播概论［M］. 北京：中国人民大学出版社，2008：4.

感知世界的重要途径。人是社会中的个体，在社会这个大环境中的信息交流丰富而繁杂。通过视觉，人类捕捉到大量的信息。

大概因为视觉符号的种种特性，随着技术的进步，我们今天的社会逐渐衍进到了一个"视觉时代"。从纸制印刷时代报纸杂志的图片到电视作为主流媒体的电视图像，到技术进步推动的电脑、手机等新媒体的视频，无不将信息以视觉的传递方式高密度地推送给受众。受众以开放、追随甚至迎合的姿态，接受每次视觉信息传播模式的更新变革。也因此更依赖、更受制于视觉信息。

可是，视觉作为感知的一部分，并不仅仅停留在"看"这样一个肤浅的层面上。如何完成由"眼"到"心"，实现大脑对所看到的事物的理解、认知与记忆，是一个很深入的课题。阿尔多斯·赫胥黎在1942年撰写的《观看的艺术》（*The Art of Seeing*）中谈到"观看"时提出过这样一个公式：感觉＋选择＋理解＝观看。❶视觉活动并非简单地接收信息与选择信息。而从更高的认知层面上理解，它更像对视觉信息的分析、加工过程，最终形成认识与记忆。

视觉是以视觉认知语言来沟通传播者与受众的活动方式。它是借助视觉图像来传达信息的设计，以图形、文字与色彩等为视觉认知语言的基础元素来进行艺术表现的。❷视觉信息对图像的再现与再构，而图像记录、保存与传播视觉信息，两者相辅相成。图像信息的传播也成为本

---

❶ 保罗·M.莱斯特.视觉传播：形象载动信息［M］.北京：新华出版社，2004：3.

❷ 郜明.广告学原理与视觉传播［M］.上海：文汇出版社，2008：8.

书关注的内容。

视觉艺术是一个视觉艺术再造的过程，可以从视觉形态再造的必要性、合理性和功能性等人类行为与社会性方面，从视觉形态的审美、要素、视觉规律（包括错觉形象）、对心理的影响、视觉形态的内容与形式、再现与表现、抽象与具象等几方面进行研究。

21 世纪是视觉时代。今天，社会传播形态已经从口语传播跨入了视觉传播，视觉已成为信息社会最重要的传达方式。以电视和网络为载体，信息传播达到了空前的速度与频度。高科技的飞速发展把人类带到一个"视觉时代"。过去以"语言"为中心的艺术转向以"图像"为中心的艺术，图像崇拜已成为新一代的生活方式。全新的"视觉文化"形态逐渐取代传统的"印刷文化"形态。尤其以 3D 或 4D 数字技术为基础，将图像三维化，重构、再造现实世界，甚至在影视中创造虚拟、仿真的现实世界，以"图像"为中心的动态观赏完成了"图像—景观—动态—震惊"的审美过程。

图形和图像是最直观的交流符号，视觉语言是有效传递信息并吸引受众的重要因素。在流行文化领域，电视、杂志中的时尚信息以大量的图像出现，或美轮美奂，或光怪陆离，或传统优雅，或颠覆叛逆，不断刺激人们的视觉神经。因图像具有直观性、易读性，因此更成为跨国界、跨文化的最便捷的沟通内容。这些特性也加速了图像在媒介中的传播，巩固了其特有的主宰地位。时至今日，人们很难想象，如果没有图像，时尚新闻将如何吸引受众。

今天的世界因为电视与互联网的影响，正发生着翻天覆地的变化。科技进步使视觉传播渠道立体性拓展。电视、互联网等便捷的动态信息传播渠道的普及，使视觉传播从内容到渠道实现了质的突破。图像铺天盖地地通过各种媒介渠道出现在人们生活的每个角落。电视通过观众对图像象征意义的解读，唤起了他们的想象力。电视提供的私人化交流环境，展示了一个"真实"、轻松的世界，并激起美的感受；新媒体的交互性交流，把美的生产者和消费者更紧密地联系在一起，使其共同参与美感体验。电视和新媒体的这些特质，为视觉传播提供了更广阔的空间，定义了视觉时代的特质。视觉信息获得的便捷，使人们的生活内容大大丰富。视觉符号所带来的愉悦感，使人们获取信息的习惯大大改变。过去以"读"为主的信息获取方式，正向以"看"为主的方式倾斜。人们越来越依赖视觉信息。视觉时代赋予了时尚传播以新的生命、新的内容和新的挑战。在这样的时代背景下，研究时尚传播，就不能忽略视觉对它的影响。

时尚以视觉形象为存在的基础，其生来就与视觉有着不解之缘。从时尚的角度说，视觉传播的真正意义在于创造、激发受众美的想象力、感知力和认同感。从人们对美有感知力的那一天开始，人们就已经开始有了最初的视觉审美，时尚随之产生。"时尚"是流行、风尚、式样；是人们看在眼、感受在心的东西。时尚的动力源于视觉。人们对时尚产品的喜欢源于其色彩、线条、形状和视觉吸引力等因素。

在应用性的时尚符号中，意象图形的指代寓意具有普及性、逻辑结构的连贯性，连贯就是二者必须有相似性和普及性的联系，同时也是时尚符号与人类情感、精神形象相类似的原因之一，人们在生活中的概念也同样运用时尚符号表达。因此，时尚符号的作用与视觉符号及视觉语言是相通的，它既传达了人类情感的信息，又传达了创意设计师所要表达的设计理念。

视觉符号完美地向人们传达着视觉信息，它是符号存在的最终的功能和目的。图形设计将创意与符号高度融合，将视觉化的感受进行了展示与传达。设计师通过自己丰富的意象思维与联想，对视觉语言进行挑选、夸张、重构，依据受众的兴趣和爱好以及心理的期望进行设计创意，启发和诱导受众的视觉，产生观看和购买的愿望。视觉符号又是一种直观和方便阅读的视觉信息，能运用视觉思维与感知，创意出图形符号和易于释读的视觉时尚符号。

第二节 视觉表征与视觉意象

视觉符号不同于文字，它是将直观的视觉形象作为自己的表意基础，用来构成含义。它通过形象间的关系创造语意。这样，形象的表意功能、形象间的结构功能对影像意义的产生就显得十分重要。❶

每一种视觉式样，无论是时装的样式还是时尚品牌的商标，都可以被看成是一种陈述，通过和谐、平衡、变化、统一的色彩和形状的搭配与架构，通过有组织的样式来传达意义。

一、视觉表征

视觉表征承载的意义，较之文字语言是一个较为简单的意义提取过程。视觉信息包括：图形、图像、色彩、图表、符号、表情、体态

---

❶ 钟大年，雷建军.纪录片：影像意义系统［M］.北京：北京师范大学出版社，2006：207.

等。❶可视信号是最直观的信息。因此，"看"成为人们更有倾向性的感知行为。人们不仅乐于捕捉视觉信息，也更容易对视觉信息形成深刻记忆。也正因为这一点，视觉信息在以社交和娱乐为主的网络活动中，更易于使用和流行。

视觉符号具有形象性的特征。受众在观看图像时，并不是独立于图像之外的，而是结合自己的个人经历、文化、环境等而产生的反射性情感反应，是因图像创造的情境而产生的身临其境的感觉。❷这对视觉传播等具有特殊意义。图像中的视觉形象使用各种方式使观者回忆起自己的现实经历，让受众忘却所处的是一种说服语境。另外，视觉形象本身也具有意义，可以对受众产生微妙的心理暗示与影响。

视觉信息具有再现功能，可以通过图像将现实进行再现，并将现实景象本身存在的潜在意义通过重构或再现表达出来，但它并非单纯地再现现实事物，而是使这个事物在特定语境中通过各种不同的表现形式来表达意义。现实的印象主要来自心理学的作用。受众在看一幅画时，看到的不是一种"在那里"的现象，而是一种"曾经在那里"的现象。❸这种现实的印象是通过图像的模拟功能来实现的。

---

❶ 郭庆光.传播学教程［M］.北京：中国人民大学出版社，1999：36.

❷ 保罗·梅萨里.视觉说服：形象在广告中的作用［M］.王波，译.北京：新华出版社，2004.：7-9.

❸ 钟大年，雷建军.纪录片：影像意义系统［M］.北京：北京师范大学出版社，2006：13.

如果抛开图像的物理属性去注意它的内容意义，可以说，画面是组织影像中众多物体的指意工具，因此，它是"有内容的图像"。从表意的角度看，图像是有组织的意义实体，是一个语意单元。

图像"画面"是空间的概念，它通过画框中物象之间的关系，以及物象的组织构成来表达意义。首先，图像与其他视觉艺术的空间表现形式不同，戏剧的空间，虽受限制，但它没有改变原有空间的容量和物质性。建筑和雕塑艺术，它们本身是以物质空间为依托而存在的，而图像摆脱了空间的物质性，具有创造和组织的美学意义。它可以再现现实空间，也可以重构新的空间形式。图像画面通过对视觉信息的选择、取舍、突出、重组等构成创造性的空间形态，利用人们的心理机制使空间扩展、延伸，把受众带到一个特殊的世界中去，而图像语言的基本语意也就由此产生。图像虽不是现实本身，但它却最大限度地消除了画面与现实的隔阂，让受众身临其境。画面中物体的结构搭配，色调的选择，前景、背景、主体、陪体之间位置的协调，以及线条的走向，影调的明暗，虚实对比等构图因素的控制，都能使众多物象之间产生某种关系，整合成有秩序的指意场。❶

画面中的主体通常处于视觉的中心位置，是内容的重点，其在表意时既可以直接指意，也可以含蓄指意。含蓄指意更多是通过触发人的

---

❶ 钟大年，雷建军．纪录片：影像意义系统［M］.北京：北京师范大学出版社，2006：17–23.

联想而产生内容意义，以受众的经验、教育、地位等为影响因素，使具象形态产生抽象的表意作用。与主体形象搭配的陪体、前景、背景等多种形象，通过光线、物体、构图等进行组合而完成画面的描述和语意的表达。

时尚符号是如何被受众识别并记忆的？当一位消费者在商场看到一幅大型的香水代言人广告时，首先映入眼帘的模特面孔使他与先前脑中所储存的"视觉意象"作比较，然后确认这位模特。广告作为一个"画框"，将模特与该品牌名称和产品图形圈在一起，使该产品与这位模特产生了联系，又在消费者脑中形成新的"视觉意象"，当下次再看到产品或该模特形象时，"视觉意象"会帮助消费者建立形象的连接，使产品与模特间产生互映。视觉画面不仅是机械地再现现实，还是通过虚构的或真实还原的现实环境，表达传播者的意图，表现其与众不同的特质，凸显时尚符号的内涵，直达目标受众的内心，启发他们的情感诉求。同时，画面还可以渲染气氛、唤起情绪，凸显表达者的特质和风格。

二、视觉意象

约翰·洛克曾对"意念"下过定义："所谓意念，乃是人们思考时所理解的东西。它相当于大脑思维时使用的幻象、观念、形式以及诸如此类的其他东西。"❶罗伯特·霍尔特（Robert H. Holt）认为意象是对感觉或知觉的一种模糊不清的再现。❷阿恩海姆认为：意象不是对可见物的完整和逼真的复制，它是由记忆机制提供的，完全可以把事物从它们所处的环境中抽取出来。❸

意象是以大脑的记忆为基础，经过想象或幻觉活动而产生的带有创造性成分的心理视觉形象。意象不是机械的记忆重复，而是大脑思维通过环境和事物联系所做出的对视觉事物的具体判断或抽象性概括，其中还包含审美成分。

意象可以进行具体的事物再现，有时也需要必要的抽象。视觉作品的画面总是捕捉所描绘事物或事件的某些有关性质（形状、色彩、运动等），加以突出或解释。

但视觉画面要比它再现的实际事物抽象，而这种抽象自身又可分成不同的层次或等级，画面的事物往往经过设计者的选择和组织，使它的题材更加形式化，从而集中体现出被再现物体的本质。❹抽象是画面设计重要的揭示所画事物的一种手段。简单的线条和色彩滋生强烈的

---

❶　鲁道夫·阿恩海姆. 视觉思维［M］. 腾守尧，译. 成都：四川人民出版社，1998：128.

❷　霍尔特. 意象，被放逐者的归来［J］. 心理学杂志，1964（19）：254–264.

❸　鲁道夫·阿恩海姆. 视觉思维［M］. 腾守尧，译. 成都：四川人民出版社，1998：136.

❹　鲁道夫·阿恩海姆. 视觉思维［M］. 腾守尧，译. 成都：四川人民出版社，1998：179.

"视觉力"。观看者通过"联想"或由"想象"形成视觉意象。意象通过选择、创造和组织，以种种抽象的意象完成。完全写实的画面如同机械复制的意象，有可能因为掩盖和歪曲结构特征，而使认识变得困难。当画面向人们提供的仅是一种"无形式"的物质，就等于失去了"意义"的感性体现者。只有设计者以一种逼真的形象，通过提取、突出、重构的方式启发人们的"联想"或"想象"时，视觉作品才有了生命力，才是一幅"活的"作品。

因此视觉传播中的画面不是对现实事物的简单再现，而是在一定主题下，添加了设计者的构思、创造和组织的带有一定抽象性的视觉信息重构。

第三节 视觉引导

视觉引导是视觉符号与受众最初的直觉的交流，较为表面化，而更深入的交流则来自视觉引导，通过图像与受众心灵沟通，形成共鸣，唤醒受众的情感体验。这个过程更像是人类面对面的交流，通过第一面的视觉冲击后，是否能从内心接受并喜欢一个品牌，则要通过视觉引导。这样图像与受众的交流就从图像的"独白"上升为"对话"。这是一个更深刻的情感体验。视觉形象的表征是形状与色彩，但其内涵是设计者内心的情感，有能唤起受众类似的情感的能力，这样的图像具有生命、富有活力。

受众对外部刺激的组成要素进行组织、处理后，依照个人的思维，赋予其意义，进而勾画出一个整体形象。即使是接触到相同的刺激，不同受众对品牌形成的了解也不尽相同。因此，传播者应准确理解受众如何感知品牌内容，有效加以引导。

格式塔学派的心理学定律也为视觉引导提供了一些依据。如受众的视线移动习惯于从上到下、从左到右，因此，在画面中，上部的比下部的、左面的比右面的位置，更容易被受众关注。又如画面人物的目光、手指的方向、具有视觉感的线条，都可以引导受众的视线。利用受众的视觉选择和视线移动规律设计画面，对提高图像的使用效率、增强传播效果具有重要作用。

格式塔学派主要从形式和形状的角度研究大脑的认知，提出"人类对于任何视觉图像的认知，是一种经过直觉系统组织后的形态和轮廓，而并非是所有各自独立部分的集合"。❶认为视知觉可以采取主动积极的动作，补足未完成的图样，或在杂乱的环境中找到想要的图样。格式塔心理学派创始人麦克斯·威尔特（Max Wertheimer）提出："眼睛只收集所有的视觉刺激，大脑负责把这些感觉整理成连续的图像。"其七大法则被用于诸多视觉研究中，是时尚视觉符号分析的重要理论。❷

（1）优良性法则（Law of Pragnanz）：人们倾向于选择更有规则、有秩序、简洁、对称的认知形状。

（2）完整性法则（Law of Closure）：假设图形有缺损，视觉仍会将缺失的部分补充完整。

（3）相似性法则（Law of Similarity）：观者倾向于将具有相似性的图形组合起来，形成一个整体形状。

---

❶ 赵春华.时尚传播学［M］.北京：中国纺织出版社，2018：114.
❷ 保罗·M.莱斯特.视觉传播：形象载动信息［M］.北京：新华出版社，2004：55.

（4）接近性法则（Law of Proximity）：距离越近的元素越容易被认为具有同一属性。

（5）对称性法则（Law of Symmetry）：视觉会将具有对称属性的事物归为同一群体。

（6）连续性法则（Law of Continuity）：视觉通常会保持延续，将中断次数最少的元素组合起来。

（7）图形和背景（Figure-ground）：通常人们在看到图片或图像时，会首先确定作为前景和主体的事物，而其他事物就成为背景。

格式塔心理学的基本问题是审美心理结构的整体性，它认为知觉不是各个感觉要素的简单结合，而是对于整体的感知，因此是一个有机的结构和整体。作为整体，它大于其他各个部分相加的总和，整体也被称为"完形"或者"场"。不仅物理存在"场"，而且心理也存在"场"，同时，心理和物理具有异质同构的特性。完形的原则运用于视觉感知的研究，正是基于这个"整体"的概念，强调对象整体和心理整体的同构所产生的表现意义以及视觉对于现实的创造性把握。❶

视觉信息不同于文字信息，其在传播中以色彩、形状等为主要信息手段，而这些手段的合理搭配会产生美的感觉。因此，视觉元素在传播中具有很强的审美引导能力。

---

❶ 吴斯一 . 从视觉感知角度看"格式塔心理学"的"完形法则"［J］. 传媒国际评论 . 2014（1）：294.

德国学者阿恩海姆在《艺术与视知觉》中提出，人的视觉是一种积极的活动。人们在观看时具有视觉主动性和思维创造性。从视觉传播审美角度看，视觉认知具有整体性、互动性和创造性。[1]这些理论似乎印证了视觉传播中观众的能动性与重要性。视觉不是神经系统对现实的机械记录，而是富有创造力、想象力和智慧的工作，具体表现如下：

第一，观看的整体性。视觉意象的形成取决于该要素在整体中的位置，视觉观看是一个重新组队的过程。在观看过程中，局部的信息和整体的信息在大脑中重新组合，而这一组合不是无序杂乱的，而是倾向于和谐的，即倾向于格式塔心理学中的优良、完整、相似、接近、对称等法则。由此看来在一个整体式样中，各要素的表象看上去究竟是什么样子，主要取决于该要素在整体中所处的位置和所起的作用，观者是以心理"图式"来解读图像的。因此，在视觉传播中，视觉元素的传播语境和受众的认知习惯与特点就成为关键性因素。

第二，观看的互动性。美蕴含于互动。在观看过程中，存在一个"场"。视觉形象、人的知觉以及内在情感都包含于这个场中，这些元素形成互相作用的"力"，一旦"场"中的元素在"力"的作用下形成和谐的结构就能唤起审美经验。这个观点也扩展了整体性原则，即各种元素的组合在"场"的作用下产生了一个图景，任何一个元素的改变，

---

[1] 鲁道夫·阿恩海姆.艺术与视知觉［M］.腾守尧，译.成都：四川人民出版社，2006.

都会引起"力"的变化，从而改变观者对整体图景的认知，而审美经验随之改变。

第三，观看的创造性。视觉观看不是机械的复制，而是对现实的创造性把握。一切知觉中都包含着思维，一切推导中都包含着直觉，一切观测中都包含着创造。观者对美的感知认识是直觉与知觉、情感与理智共同作用的结果，这个过程是思考的过程，这种思考富有想象力。因此视觉把握到的形象是含有丰富想象力、创造性的形象。

第四，观看的普遍性。感知方式存在共通性。一切完整的概念都包含着某种共同的（或普遍的）真理内核。这一内核使得一切不同时代和地区的艺术能够对一切人发生作用。[1] 因此，观看中存在一种可以把握的逻辑和规律，这种逻辑让不同时代、不同地域的人都可以对美的事物产生共鸣。这意味着美是存在普适性的，是可以跨文化、跨空间、跨地域传播的，也是可以通过一定规律加以把握和利用的。

在传播中，视觉意象构建图像故事性、唤起受众"情感关注"、实现视觉冲击和引导的重要手段。传播者无论通过图像的构图，或创造视觉内容的故事性，都可以促使受众产生情感反应。由此可以发现受众以下的反应过程：

第一，选择性接触。视觉符号信息处理过程的第一个阶段是接触，

---

[1] 鲁道夫·阿恩海姆.艺术与视知觉［M］.腾守尧，译.成都：四川人民出版社，2006：6.

当受众面对符号信息刺激时，身体的一个或多个器官处于即将被激活的准备状态。接触可分为有意接触和无意接触。有意接触指受众为了做出决策，寻找自己感兴趣的信息，从而接触到它。无意接触指受众在无意识状态下接触到信息的行为。另外，受众会积极寻找自己关心的刺激，而对不关心的刺激通常会采取回避的态度，这就是选择性接触。无论在电视还是网络，受众对品牌信息，包括品牌新闻、图像、视频等，都可以主动选择是否观看。

第二，注意。受众接触到视觉刺激后，会对刺激包含的符号信息进行处理，这在很大程度上受到受众自身注意程度的影响。在网络环境中，即使受众是无意识地接触到某些信息，但如果这些信息与其自身有很大关系，或者能够唤起自身潜在欲望或情景的话，受众也会给予相当高的关注。

第四节 情感关注

时尚符号所表现出来的富有活力的感觉和情绪是直接融合在形式之中的，这种内置于形的感情和思想可以通过符号的转化而被广泛传播。人们将一种知觉或想象的事物通过整体内容的各个部分、各个点，甚至各种特征和方位之间的特定关系呈现出来，这种表现性的形式就是符号的转化。正如前面所论述的，美是人类情感的表达。时尚符号必承载人类情感或想象的形式的转化。在现代传播中，无论传播内容和形式如何变化，这条内在规律却不可撼动。

"情感关注"的产生不应被看作是想要传递的明确的信息，而更像是不确定的、模糊的并且内化的。当然，推导可以通过观察目标的姿态、身体动作等形成内在情感状态。如果传播者要传递这种情感关注，他必须制造一个"故事架构"——其基本功能是提供能传递或表现情感关注的手段。尤其是那些人们认为是真实的、与个人情感有关的信仰和情感系统。图像符号的接收过程可以定义为"发送过程中的镜像形象"。观者首先看到形象——信号。观者之前不了解画面将要传达什么。如果观者把这些信号当作信息，他首先从一系列的形象事件中推导出故事架构，通过屏幕展现的形象推导出画面的思想体系，并最终自发启用"情感关注"。由此看来，传播效果不在于制作者的前期意图，而在于受众在观看作品后所产生的效果。❶

在对受众进行视觉说服的过程中，唤起受众的情感反应，说服效果会更明显。引发情感反应的方式会极大地影响传播效果。许多心理学家也认为"情感关注"几乎是人的一种根本驱动力。

情感诉求的更高层面是人格诉求。人格诉求取决于劝者的品格，通过劝说者的态度和人品特征使听众相信其语言的真实性。劝说者的威信主要包括专业性和可信性。❷ 在应用的整个过程中，这两种诉求互相配合、互相补充。

在进行人格劝说时，品牌代言人起到了重要作用。如化妆品广告常利用明星的名望、粉丝效应等来宣传其产品，现身说法，加强说服效果。明星呈现的姣好肤质，会深深打动每一个对皮肤质量苛求的爱美女性，同时因为对该明星的喜爱等前期情感因素的催化作用，"爱屋及乌"的情感效应在目标受众看到广告的那一刻发生。即使不立刻购买该产品，对该产品的美好形象依然印在该受众的脑中并被储存。当这种储存记忆达到一定累积时，即会发生质变，最终促成受众成为该产品的

---

❶ 赵春华.时尚传播学［M］.北京：中国纺织出版社，2018：114.

❷ 文娟.广告诉诸研究［J］.郑州航空工业管理学院学报.社会科学版，2006（6）：91–93.

消费者。

视觉形象设计注重情感原则，塑造挖掘能够感动受众，影响受众立场、观点和生活经历的视觉形象，在读者与品牌之间建立情感共鸣。消费者总是主观性情绪化地吸收自己感兴趣的信息并采取相应的行动，在许多情况下，情感先于理智更早地促使人们采取行动，情感在交换价值中是为了激起和满足目标顾客的情感需求。

情感诉求采用"动之以情"的手法，以广告的主题感染受众，迎合目标受众的情感需要，触动他们的某种感情和情绪，引发目标受众的情感反应，最终达到劝说目的。广告作为品牌常用的营销方法，其功能不仅体现在提供商品或服务信息，更重要的是激发消费者情感，引起购买欲望、促进消费行动。在实施情感劝说中，广告图像通过情境渲染和画面的色彩、形状等要素整合，唤起受众的味觉、触觉、嗅觉、视觉和听觉的感受，突出产品的特性，吸引受众购买。同时，通过在客观事实的基础上夸大产品功效来抒发鲜明的感情态度，引起目标受众的强烈共鸣，也可以实现其劝说功能。

中国不乏老字号品牌，许多民族品牌经历了一段过渡期之后，开始重新发力、不断升级，打造国民品牌的优质形象，并在短时间内，利用已有的品牌积累和消费者的怀旧情结，将品牌形象符号化，触动消费者情感关注，渐渐重回消费者的视野，重新占据市场。

2017年5月，中国国产护肤品牌"百雀羚"在微信公众号推出了

"与时间作对"的民国系列长屏广告（见图 7-1）。[1] 其主要立足于该品牌 1932 年创立的老品牌概念，在现代和民国两个时空穿越，借用 432 厘米长的图片广告，用谍战剧大片的叙事铺排方式，唤起中老年消费者的怀旧感，以经历过岁月的老品牌作为动人之处，提升了品牌的年代感。其中具有时代感的符号契合品牌形象内置于广告中，较好地实现了记忆唤醒和情感触动。

图 7-1 "百雀羚"长屏广告截图

这则广告主基调是民国风，故事情节随着女主人公"阿玲"的脚步徐徐展开，将观者缓缓带入民国时代。时间设定在大概 20 世纪 20—30 年代到 40 年代，画面渲染的主要是旗袍、谍战、洋行、裁缝铺等民国

---

[1] 赵春华.时尚传播学［M］.北京：中国纺织出版社，2018：140.

标志，并且所有的店名品牌，比如"朱雀餐厅""鸳鸯洋行""杜鹃布庄""百雀香粉"都是鸟类的名字，对应"百雀羚"品牌名。最后的任务是将"时间"作为敌人射杀。画面后现代感的表盘碎片给了观者较大的视觉冲击，似乎把观者从 85 年前的旧上海拉回到现代，并再次提醒"百雀羚"是长龄品牌，在这场"与时间为敌"的角逐中，它走到了最后。符号表征与意义的暗示与隐喻结合得极为巧妙，既有趣味，又有深意，表达有层次。

第八章
时尚符号的传播性

时尚作为集文化、艺术与商业价值于一体的传播介质，在文化战略中的作用日益凸显。当下，我们急需以时代精神为背景，以中国优秀传统文化的融合创新为视角，提炼中国特色的时尚符号和融通世界的时尚语系。通过时尚符号应用与传播，将民族文化的历史渊源、发展脉络和发展成果展示于各个民族，并将本民族最基本的文化基因、文化的独特创造和价值理念通过各国人民喜闻乐见的形式传播出去，形成文化磁场和文化喜好，这是传播领域极为高级的智力活动。

时尚化传播离不开符号这个介质。通过符号，时尚推动了"注意力经济"的产生；通过符号，时尚进入社会化编程。[1]在不同的传播媒介中，媒介符号以不同的能指形式，按各自的规则进行编码，并通过符号的能指传达出所指意义。[2]

---

❶ 赵春华.时尚传播学［M］.北京：中国纺织出版社，2018.
❷ 齐效斌.人的自我发展与符号形式的创造［M］.北京：中国社会科学出版社，2002：77–79.

第一节　时尚符号传播的构成与发展

传播是人与人之间的连接，人们在传播中注入讯息，又在讯息中注入意义，受众根据个人的经验和所处的文化环境，对传播中的符号进行解读，获取其欲表达的意义。当两人共享一个符号时，那就是两个人生活的交叉，于是符号成了传播的介质。当传播关系顺利时，传播与解码的过程能够达成一致，传播者达到预期目标，当传播关系不顺利时，可能出现传播误解，影响甚至背离传播目标。无论是文化领域还是商业范畴的传播，传播的过程和效果都值得深入研究。

符号是传播的核心要素之一。在符号的传达中，编码过程就是发信人将想要传达的抽象、复杂的信息利用符号来实现可感化的过程。解码过程就是收信人接受到信息，按照符号的规则重新读取所承载的信息。这一过程是在信息接收者的心理空间实现的，符号的编码与解码都是为了信息的传达。时尚符号的编码与解码，是传播者通过色彩、形制、图案、搭配等符号元素来传达信息，受众则根据对符号体系的认识来理解这些意图，使得时尚的象征意义得以实现。在新媒体时代，用户不再像过去那样孤立地、单向地接受信息，而是扮演了传播枢纽的角色。在大量的互动后会激发出情感共识，这些共识再促使人们对时尚符号进行解读与传播，使其价值与意义更深入人心。

符号的基本特征是它的指代性，符号总是代表某一事物，它承载着一定的内容（概念、意义），是传播活动的基本要素❶。符号传播的过程中涉及编码者、媒介、解码者、传播内容、传播效果等。可见符号与传播联结紧密。传播要素中，"内容"是传播的信息与讯息，它是由一组有意义的符号组成的信息组合。"渠道"是信息传递所必须经过的中介或借助的载体，它可以是报纸、广播、电视、网络等。"内容"和"渠道"是信息流通的主要介质，二者密不可分。在过去，5W要素所代表的传统传播学的"渠道"更多指物理介质，而随着新媒体的兴盛，人作为重要的传播渠道开始被提及。❷

还有，符号传播过程中很重要的一点是共通的意义空间，这意味着传播链条的双方必须对符号意义拥有共通的理解，否则传播过程本身就不能成立，或传而不通，或导致误解。以上共通意义空间还包括人们大体一致或接近的生活经验、文化背景和符号在特定文化中如何被解

❶ 胡正荣.传播学总论.［M］.北京：中国传媒大学出版社，1997：101.
❷ 赵春华.时尚传播学［M］.北京：中国纺织出版社.2018：24.

读的方法 ❶。而时尚符号传播的核心是风尚、方式或观念的形成以及时尚符号意义的表现与传达。传播者通过艺术化的形式，将携有文化基因的意义符号编码，置于传播内容之中，通过各种媒介传播开来。意义系统以隐性的方式，在文化和商业传播体系内运行并施加影响。通过时代精神的展现和文化认同的引导以及意义的构建，时尚符号的表征与意指有利于在传播中构建"共识"。

时尚符号的现代商业传播模式萌芽于 17 世纪 70 年代。在 17 世纪 50 年代，男装和女装还基本平衡，但到了 70 年代，传播者意识到女人在购物上已经越来越快地超越男性。❷ 当时的时装报道就开始将重点投向女性，在报纸的时装预告中加入插图来描绘新图样，不断诱导女性的购买欲望。还如制作时装娃娃，将最新的时装样式穿在玩偶的身上，做成迷你时装秀。当初的时装插画应该被认为是最早的时装视觉广告了。时尚的视觉文化在这一时期形成，开始出现媒体化的时尚传播。

到了 19 世纪，大生产和大众消费开始形成规模，大众越来越倾向于符号消费，人们对具有某种固定特征的时尚产品开始产生认同感。同

---

❶ 曾琦，傅师申，梅芳，等.解析现代流行服饰文化传播中的符号化特征 [J].纺织学报，2006（1）：4.

❷ 琼·德让.时尚的精髓 [M].杨冀，译.北京：生活·读书·新知三联书店，2012：17.

时由于民众的平等意识开始加强，社会的阶级性越来越被弱化，时尚作为贵族和阶级特权的标志性逐渐被新兴资产阶级弱化。这些从社会舆论上为时尚的大范围传播做了预热。19世纪中叶，巴黎设计师沃斯将商标加在自己设计的礼服上，时尚界开始产生品牌的概念。也就是说，时装开始有了符号特征，符号消费或者品牌消费为时尚的信息传播提供了更为快捷简单的介质。

在过去媒体相对不发达的时代，时尚为稀缺资源，带有神秘的色彩，与普通大众保持着距离，但现代媒体变革时代的到来，各种时尚的视觉元素不断贴近大众，时尚变得不再陌生，反而触手可及。当大众自己定义的流行元素形成潮流，并逆向影响时尚，时尚主导者开始接纳更多的大众时尚符号。时尚符号的传播受工业化和传播媒介发展的影响而开始引起关注。

新媒体的快速发展催生了媒介内容和传播形式的极大丰富，为符号传播提供了更广阔的传播环境。网络深化了"内容"传播，从视觉传播角度，其集平面媒体与电视功能于一身，将语言、文字、声音、图像和影像等进行有机的结合，使视觉信息的表现手段和范围得到了更大的拓展，形成了综合性强、涵盖全部感官的全面表达方式。借助多媒体技术，图片、视频可以在网上大范围流传。同时在数字技术的支撑下，出现了数字化"虚拟影像"，视觉艺术与信息技术的高度融合，将符号化传播推向了新的高度。新媒体的去中心化也给用户提供了一个可以进行内容创作和传播的公共领域，专业技术门槛不再成为普通受众展现自我的最大障碍。时尚内容在新媒体时代的开放环境中进行传播，吸引一批对这一符号有着情感共鸣的受众，形成了打破年龄、地域、种族和时空限制的圈层。

第二节　媒介的视觉镜像

居伊·德波曾说：视觉图像的存在就是"景观社会"。而视觉文化的转向，"不仅仅是反映和沟通我们生活世界的新形式，事实上，它还创造了这个世界，通过图像建构、折射或扭曲一个民族或个体的信念价值或意识形态"。无论是广告宣传还是其他影像媒介，它们常常通过图像来表达理念、情感和价值观，用细微而几乎看不到的形式影响着我们的日常生活。❶

沃尔特·李普曼在《舆论学》（*Public Opinion*）中说："……我们必须特别注意一个共同的要素，即人们和环境之间的插入物——拟态环境……因为，在社会生活层面上，所谓人做出适应环境的调整是以虚构为媒介来进行的。"❷也就是说，在人们和真实环境之间存在着一个拟态环境，即媒介或信息传播机构所塑造的环境，而人们往往是对这个拟

---

❶ 揭晓.视觉文化传播与意识形态日常生活化研究［J］.社会主义研究，2016（1）：69.

❷ Walter Lippmann. Public Opinion［M］. Wilder Publications，2010.

态环境做出反应的。

斯图亚特·霍尔则认为媒介是表意（Signification）的工具，媒介通过表意过程建构现实，制定"形式的定义"，给受众提供一个世界的图景。"媒介一方面用'共识'来引导自己，同时又以一种建构的方式试着塑造共识。"❶

传播过程的主要功能就是在与"信息"和"媒介"相连接的环节中完成，是拟态环境的构建者根据一定的标准、原则对事实信息进行符号性的结构化构建，以形成共识的过程。通过大众媒介的平面媒体和电视的图像所营造的生活景象，视觉符号将现实景象本身存在的潜在意义通过重构或再现表达出来，通过"拟态环境"赋予这种景象以精神内涵。图像上显现出来的物质现实的存在形式，并不是物质现实本身，而是通过图像再现的一个假定现实世界，受众对这个虚拟的镜像做出反应。图像可以再现现实，也可以通过虚构故事情节表现。但无论是虚构的或非虚构的视觉故事情境，其出现在受众面前的首先是一个形象的符号。图像经过精心设计，其意象使受众沉醉其中，把自己与画面人物的形象重叠，通过表意塑造情境，产生情感交流，因此平面媒体和电视所塑造的"拟态环境"具有情感渲染的作用。

让·拉特利尔认为："不能低估图像文化，尤其是动态图像文化，由于它们通过图像作用于情感，从而已经并将继续对表述与价值系统施

❶ 霍尔."意识形态"的再发现：媒介研究中被压抑者的重返 [M]. 黄丽玲，译. 台北：台北远流出版事业股份有限公司，1994：116–117.

加深远影响。"[1] 视觉形象给价值传播带来重大影响和冲击，影响了受众的文化喜好、价值观的塑造，以及消费理念与消费行为。

在新媒体中，通过社交网络的"拟态环境"，通过"人"的聚合，达成共识，形成口碑，塑造品牌形象。社交网络在受众的图像分享过程中，将符号化传播渗透到网络的各个角落。在网络"视觉社交阶段"，Facebook通过图片或视频共享，将线下的人际网络还原到网上。用户对个人资料、图片、好友关系等进行组合与管理，形成人际网络，并以此为中心产生个人影响力或找寻趣味相投的人或圈子。头像成了证明个人身份的象征，上传的照片成为进入其他人际圈的通行证。透过图像，网络受众更能身临其境，产生这个场景曾经发生过的感觉，更能产生面对面交流的意象，在讨论与交流中形成共识与舆论，产生影响力。社交网络提供的开放式全平台互动营销模式，使图片和视频发布更大众化与个性化，使舆论传播（口碑）从过去的垂直式传播向水平式传播发展，它突破时间、地域和国界的限制，借助人人连接、人人发布、人人评价、集体认同等模式，创建"共识"成为社交网络的重要标志。图像符号的渗透性和舆论引导力增强。

---

[1] 让·拉特利尔．科学和技术对文化的挑战［M］．吕乃基，等译．北京：商务印书馆，1997：124．

第三节　视觉符号的网络人际传播

媒介时代，符号等象征形式就被置于更加重要的位置。在互联网的虚拟空间里，象征化特征较为明显，比如，社交网络中，人与人在"非接触型"社交中所塑造的虚拟化身份，包括头像、身份标签到自我设定。网络被认为是"虚拟"的，因为在这个世界里，受众的身份具有不确定性和伪装性，但社交网络却在一定程度上突破了这一局限，使网络更向真实性靠拢。社交网络作为人与现实世界间的物理介质，以网络为依托，在虚拟空间构建了一个类似于真实环境的情境，并赋予这种环境以精神内涵。网民在这里进行思想的沟通，进行图像和视频的分享，将现实生活的影像搬上了网络。当聚"人"与图像共享被社交网站糅合到一起，这一系统中每个用户的形象变得具体、鲜明而多样，同时图像对现实世界的镜像作用，使网络受众更全方位、更深刻地了解他人。以微信"朋友圈"的图片共享为例，在现实生活中忙忙碌碌的人们，在分享朋友们的图片过程中，无论是其个人生活场景的再现或随手所拍的生活点滴，都让朋友们身临其境，多方面地了解他人，甚至走入他人的内心世界。这种日积月累、细细品味后的沉淀，甚至在一定程度上超越了现实中的交往，网络社交已经不是完全意义上的"虚拟"，而更接近于现实生活的情感体验。一幅幅图片成了对话的工具，成了诉说的渠道，成了塑造自我形象的场地。从这个意义上说，社交网络已突破了网络的传统概念，超越了"虚拟"，越来越接近真实。

"非接触型"的社交原本就占据了人类社交的 80% 以上，这意味着网络社交将给传统世界带来巨大的影响，在传统的商业领域也是如此。❶交友只是社交网络的一个开端。"六度分隔"理论只体现了社交网络的早期概念化阶段：结交陌生人阶段。随着社交网络的功能日益完善，交友向娱乐化、商业化阶段推进，社交网络通过个人空间创造的丰富的多媒体个性化空间不断吸引众多网民的注意力。如今，社交网络更进入了"视觉社交阶段"，社交网络的图像分享成为主要内容，整个 SNS 的发展循着人们逐渐将线下生活信息通过共享和视觉手段转移到网络上，实现了虚拟世界与现实世界的交叉，使社交网络的虚拟性被弥合，可信度增强，网络社交已经开始承担相当一部分传统社交的作用。Facebook、Twitter、微信、微博，这些新型的社交媒体也正在迅速吸引

---

❶ 赵春华.时尚传播［M］.北京：中国纺织出版社，2014.

时尚品牌的注意力，令各大品牌重新评估网络的影响力并调整媒体中的时尚传播策略。❶

社交网络"拟态环境"构建的基础是视觉符号共享。视觉是人类获取信息、感知世界的重要途径。人是社会中的个体，在社会这个大环境中的信息交流丰富而繁杂。通过视觉，人类捕捉到大量信息。视觉表征承载的意义，较之文字语言是一个较为简单的意义提取过程。视觉符号信息包括：图形、图像、色彩、图表、符号、表情、体态等。❷可视信号是最直观的信息。因此，"看"成为人们更有倾向性的感知行为。人们不仅乐于捕捉视觉符号，也更容易对视觉符号形成深刻记忆。也正因为这一点，视觉符号信息在以社交和娱乐为主的网络活动中，更易于使用和流行。

社交网络构建了虚拟世界中的真实环境，弥合了网络的虚幻性，让真实感通过受众图像符号共享得以实现。时尚品牌利用粉丝互动，凭借受众的口碑形成集体共识与认同，其品牌形象在社交网络中更能得以彰显。社交网络中的品牌推广和传播，具有可信度高、针对性强、企业和用户零距离接触、提升知名度快等特点，几乎可以被认为是全新的、波及面更广的新型时尚品牌推广模式，其传播价值与商业价值值得进一步挖掘。

---

❶ 赵春华.时尚传播学［M］.北京：中国纺织出版社，2018：208.
❷ 郭庆光.传播学教程［M］.北京：中国人民大学出版社，1999：36.

第四节　时尚符号的新兴传播样态

在传统媒体环境系，人们通过电视和杂志等媒介的沟通主要是单向的、垂直的、点对点的。受众的能动性较小。随着互联网与视频技术的发展，人们交往突破了时间和空间的限制，交往范围无限扩大。

网络深化了"内容"传播，从视觉传播角度，其集平面媒体与电视功能于一身，将语言、文字、声音、图像和影像等进行有机结合，使视觉信息的表现手段和范围得到了更大的拓展，形成了综合性强、涵盖全部感官的全面表达方式。借助多媒体技术，图片、视频可以在网上大范围流传。同时，在数字技术的支撑下，出现了数字化"虚拟影像"，视觉艺术与信息技术的高度融合，为时尚符号的传播提供了更为开阔的空间。

新媒体因对静态图片与动态影像的兼容能力，使其在传播中的汇聚作用更加明显。以互联网为代表的新媒体依赖于数字科技，既融合了多种媒体，又融合了虚拟世界和现实。同时，数字媒体又具有交互性，摒弃了传统媒体单向性交流的局限，而把信息的生产者和消费者紧密联系在一起，使他们共同参与视觉体验，这样的审美体验是多元的、动态的、开放的。在新媒体环境下，受众获得了一定的传播主导权，实现了信息接收者和发布者的双重身份。新媒体不再是传统媒体的自上而下的有组织发布的信息平台，传播模式由"广播"变为互相传递式的"互播"，人人可以成为信息发布中心的"自媒体"。以微博、博客为代表的网络交互平台更是将"去中心化"色彩展现得淋漓尽致，传统媒体在话语权上的优势地位受到挑战，开始尝试与网络共存共生。

新媒体出现后，过去的线性传播模式被打破，信息传递呈现一对多的形式，受众的"自媒体"发布与受众间的互动使媒介传播呈现扁平式的分散发布态势。同时，因新媒体兼容性特征，内容集平面、动态、互动于一体，其媒介渠道融物理与有机于一体，人际传播作为重要的传播介质，被纳入主流传播过程中，与大众传播并驾齐驱。

以汉服符号传播为例。汉服是中国传统服饰文化中最能引发文化认同和情感共鸣的服饰时尚符号之一。它承载的意义丰富，传播主体与受众层次多样，不同的思想与诉求为汉服符号的内容构建提供了更多的素材。汉服符号在新媒体传播中被编译成图文结合、影音视频等形式，继而被传递与解读。汉服的设计创作和符号传播过程，反映了这一时代人们的精神风貌与情感诉求。很多传播主体注重历史文化传播由内向外、内外结合的创新，根据当代人的审美喜好、青少年群体的接受特点、社会文化多元化个性化发展等各方面因素，结合微信公众号、微博、抖音、VR等各种互联网新媒体平台和技术，使其更加为大众喜闻乐见。其内容、渠道和商业转化情况大体如下：❶

第一，传播内容。围绕汉服符号，网络呈现出许多个性化、圈层化的主题。

（1）汉服科普。汉服爱好者们在形成圈子的同时，还发起了数字时代的"汉服草根学术"：成员通过各自信息，构建起一个可实现的乌托邦，对汉服的形制、历史沿革进行了自发、深入的探讨。❷继而，一些专注历史讲解、装束复原的传播主体出现。

（2）汉服穿搭。发布者介绍正确的汉服穿戴方式、汉服的妆发配饰、拍照技巧等，甚至对汉服的穿着过程进行动作分解，配以字幕和旁白解说。

（3）变装。以两个场景为背景，前一个场景模特的穿着较为日常，经由后期剪辑，摇身一变成为大唐美人，再辅以精心设计的动作、配乐和布景。通过这种颠覆性的差异化效果赢得点击率（见图8-1）。

---

❶ 万雷萌.新媒体环境下唐代汉服的符号表征及传播现象研究［D］.北京服装学院，2022.

❷ 祝明惠，郭必恒.审美与身份的互渗与背反——当代汉服时尚的深层机制探讨［J］.文艺论坛，2021（1）：118–122.

图 8-1　汉服模特的变装

（4）开箱盘点。多见于新媒体平台上的网络达人分享。开箱即是记录汉服的开箱视频，展示实物状态。盘点类视频一般是有对应的主题，比如"适合夏天穿着的汉服盘点"等（见图 8-2）。

图 8-2　网络达人发布的夏日唐制汉服盘点

（5）街拍走秀。汉服模特与汉服爱好者身着汉服步行在现代街头，引起视觉反差，抓人眼球的同时传播汉服日常化；走秀类多发起于线下的汉服文化或商业活动，借由新媒体平台进行二次传播。

（6）影视短剧。拍摄汉服情景短剧、汉服 MV 等，通过优美的布景和古装氛围的营造，在运镜、打光、服饰、道具上通过细节勾勒出汉服之美。

近年出品的多部唐代题材电视剧《长安十二时辰》《长歌行》里的服化道，虽会为了影视效果略微改动，但在形制上是下足了功夫；河南卫视引爆社交媒体的《唐宫夜宴》"仕女"造型也是主打"复原"，沿用了汉服体系中的经典配色、传统纹样，诚意满满（见图 8-3）。

图 8-3 《唐宫夜宴》在抖音平台的点赞评

新媒体具备海量信息承载、碎片化信息传播、虚拟化信息传播环境的特征，以科技为支撑，让文字、图形、声音、影像等符号信息融合，在此环境下进行传播，让汉服呈现不断发展、变化与延伸的符号内容生态。

第二，传播渠道。汉服复兴运动走过早期的"论坛时代""贴吧时代"，在新媒体平台的高频亮相，在一定程度上助推了其流行。随着智能手机的普及，致力于现代汉服复兴的爱好者们使用论坛、贴吧、QQ群等平台之后，逐渐把"阵地"转移到了移动端。从2011年起，新浪微博成为汉服企业线上运营的宣传重镇，随后抖音、快手、小红书和哔哩哔哩开始成为汉服爱好者的集散地，也有许多传播主体在Youtube开设账号。其中，微博和小红书等社媒平台多以图文结合的传播形式、抖音与快手以短视频形式，哔哩哔哩和Youtube则以长视频形式来进行汉服符号传播。

（1）泛娱乐化媒体平台：微博、小红书。由于社交媒体平台具有互动性与自发性，微博、小红书这类公共社交广场实现了信息的自由流动和围观，所有人都可以成为汉服文化的传播者与汉服产业消费的反馈者。尤其是能借助微博热搜榜单以及小红书话题标签等板块，汉服板块获得大量点击率。

（2）短视频平台：快手、抖音。抖音、快手等平台通过短视频的形式整合符号内容，实现汉服形象立体化、视觉化。汉服爱好者们用镜头与剪辑分享自己的汉服文化心得、展示不同情景下的汉服之美。由于短视频平台用户数量庞大且能根据用户兴趣进行内容推送，可以不断挖掘新群体，巩固旧群体，让潜在人群加入汉服文化爱好者或者消费者群体中来。同时，抖音和快手近年来在电商直播领域快速推进，例如，2022年发起的"抖音潮流东方季"活动，电商无缝下单，汉服品牌通过抖音、快手平台快速将传播内容进行商业转化，将汉服售卖给广大年轻用户。

（3）长视频平台：哔哩哔哩、Youtube。哔哩哔哩网站作为中国"Z世代"原创作品主高度聚集的视频创作与分享平台，涵盖了无数兴趣圈层和多元文化社区。用户在观看视频时通过弹幕分享自己的想法，对内容进行了二次传播，实现了信息的实时高速交互。❶例如，哔哩哔哩网站国风领域UP主小豆蔻儿在2019年打造了"当汉服遇见世界"系列专栏，其中的日本特辑播放量达到200余万，收获一片赞美与好评，而短视频平台上无数穿着汉服行走在欧美街头的华人，把这份自信带到了海外（见图8-4）。

---

❶ 陈晓静，郭玲云．哔哩哔哩视频网的新媒体纪录片传播运营研究［J］．视听，2020（2）：2.

图 8-4　哔哩哔哩网站《当汉服遇见世界》视频

可见，时尚符号的传播与时俱进，打破了传统媒体渠道单向的局限，在新媒体平台采用了"人文共享"的形式，将汉服之美直观地呈现于大众视野，从而也为汉服文化注入鲜活的生命力。

作为一种明显带有东方特色的服饰，汉服承载了中华民族古典美学的审美意象与价值追求，与现代西式服服饰体系形成了鲜明的对比和反差。这种服饰审美，一开始由初代汉服复兴者根据典籍和文物极力复原出来，后经新媒介的符号生产与传播而逐步扩散。汉服符号通过新媒体平台进行无界传播，建构虚拟文化共同体，让海内外同胞跨越时空共享中国传统文化内容和意义，增强了中华文化的认同感。互联网时代，数字媒介的飞速发展，借助新媒体传播中国传统文化符号的效果有目共睹。由此为中国历史文化打开了对外传播的窗口，让更多人认识和欣赏

到富于特色的中国传统文化符号，同时也带来了中国传播符号学发展的新机遇。❶

第三，商业转化。大众对符号的认知、接受和消费，受到现代传媒的深度影响。这是因为新媒体通过大量的符号生产、复制和传播，能够在短时间造成普遍的信息声势，产生强大的共鸣、累积、遍在效果，从而提升受众对符号的认识与接受度。因此，可以这样理解，大众对符号产品的消费是一种媒介驱动型消费。

在新媒体环境下，汉服的符号化表现价值已不再局限于审美情趣与文化内涵，作为服饰产业中的小众类别，其符号消费认知度越来越高，市场接受广度和深度都有所拓展。

2021年，河南卫视打造的《唐宫夜宴》播出后强势出圈。盛世中的唐风古韵，是一幅祥泰华美的画卷，从画中走出来的"仕女"，贴花钿、描斜红，身着齐胸襦裙，舞姿蹁跹，唐风古韵让汉服热潮涌向消费市场。唐宫少女身穿的齐胸襦裙是汉服的重要形制之一，节目播出后，"圈粉"无数，数据可以说明：在2022年5月的汉服单品产值排行榜前十位中，有六款是汉服，包括复原款、改良款；形制包括唐背子、齐胸与诃子裙，第一名"日月同辉"出自汉服商家"十三余"，单款产

---

❶ 姒晓霞，马冬，郑洁．全媒体语境下中国历史文化传播的符号学研究［J］．今传媒，2021，29（11）：5.

值高达一百二十余万元。❶

新媒介技术通过视像包装和意义赋魅将汉服打造成为一件富有文化意义和扮靓魔力的神器，众多消费者借此体验和表达着一种富于古典诗性理想生活色彩的文化调性与审美情趣。❷伴随着汉服符号在新媒体"破圈"的是线下实体空间中汉服消费与汉服运动的不断扩大。2022年"五一"假期，沉浸式唐风市井生活街区"长安十二时辰"在西安开市，不少游客特地换上汉服，前来观唐艺、听唐乐、品唐食，仿佛穿越到大唐小巷，错落有致的古风建筑间，衣袂飘飘，裙裾飞扬。

基于互联网平台视觉技术支持下的媒介诱导，汉服需求会更加多元。市场空缺催生了汉服产业的发展壮大。汉服设计、销售、推广以及周边配套环节的转化商机越来越大。小众文化正走向大众市场，成为国潮文化、国风经济的重要组成部分，不仅为旅游、摄影等行业提供了营销新思路，古风剧本杀等缺不了汉服加持的沉浸式消费更是方兴未艾。

第四，小结。在互联网视觉传播技术的加持下，传统时尚符号的转化更加多元化。社会的强劲需求催生了时尚符号的文化围观和市场消

❶ 汉服资讯.汉服资讯的微博视频.新浪微博.2022年6月15日.https：//weibo.com/tv/show/1042200：4780473457770501？ from=old_pc_videoshow.

❷ 艾秀梅.电商时代的视像盛宴——论当下城市服饰审美中的复古风尚［J］.文化研究，2016（2）：10.

费，时尚符号的创新、设计、推广、销售以及周边配套环节的转化带来了多层次的传播需求。小众文化正走向大众市场，成为国潮文化、国风经济的重要组成部分，为创意文化产业、时尚产品制造、旅游、娱乐等行业带来了新思路和新机遇。

参考案例

例一 十二章纹 ❶

中国传统服饰纹样根据不同题材主要分为九大类：龙蟒、凤凰、珍禽、瑞兽、花卉、虫鱼、人物、几何与寓意，其表现形式丰富多样，包含印染、手描、刺绣、扎染、蜡染、揩金等工艺。从视觉层面来看，可将其分为具象纹样与抽象纹样。前者涵盖了动物（龙、凤、鹤等）、植物（梅花、荷花、牡丹等）、天地（云纹、雷纹、水纹等）；而后者主要是将自然元素高度人文化后所形成的抽象意象，如雷龟纹、鱼鳞纹、冰裂纹等。也有起到装饰及衬托主纹样作用的几何纹样。此外，还有从文字中提炼出的纹样，如回纹、卍字纹、佛字纹等。从文化层面来看，可将中国传统服饰纹样分成三个维度：其一，表达了人对自然之敬畏，如《酌中志》中记载的明代宫廷补子纹样，顺天时，蕴含了天人合一之思想；其二，表现了人对自身之约束，别君威，等贵贱，保持德性，合乎礼仪；其三，抒发了人对自身之祈愿，即纹样所蕴含的

---

❶ 张雨濛，赵春华，万雷萌．章纹"密码"［J］．中国服饰，2021（9）：52–53.

吉祥寓意，表达了美好的祝福。[1]

　　古代帝王臣僚的礼服纹样是其身份与权力的象征，借助这些章纹传递思想价值观念，突显服装的政治功能与文化功能。冕服由冕冠、玄衣及纁裳等构成。按照规定，凡戴冕冠者，需着相应的玄衣和纁裳。玄衣即黑色上衣，纹样一般用绘；纁裳即绛色围裳，纹样则用刺绣。冕服所用纹样以"十二章"为贵，十二章纹依次为日、月、星辰、山、龙、华虫、宗彝、藻、火、粉米、黼、黻12种，几乎囊括了天地之间一切有代表性的事物，每一章纹均有含义，隐喻帝王贵族的风操品行，也是中国儒家学派服饰理论之核心。含灰色调的纹样配合宽袍大袖的廓型显得大气稳重，烘托出服饰的优雅高贵，进而凸显穿着者的身份地位与品格修养。这些纹样具有一定的使用规范，早在周代，十二章纹便用来辅助强化社会等级，据《后汉书·舆服志》记载，"天子备章，公自山以下，侯伯自华虫以下，子男自藻火以下，卿大夫自粉米以下。"只有天子可以使用全部章纹，以下各级官吏只能使用龙以下的8种纹样，级别不同，使用纹样不同，且按照爵位从高到低，章纹的数量依次递减，如公之服由山而下用九章，侯伯之服由华虫而下用七章，以此类推，这充分体现了古代社会对身份等级制度的重视。另外，在最隆重的场合，冕服上十二章纹齐备，而在其他场合视礼节轻重而递

---

[1]　袁仄.中国服装史［M］.北京：中国纺织出版社，2005：2-32.

减。❶古人不仅以不同图案及数量的章纹作为不同级别的标识，还以此反映了对不同级别所应具备的品格和能力的相应要求，督促位高权重者修炼出更高的品行与更强的能力，能力越大责任越大，更要严格自律、保持自省。

据《尚书》记载，十二章纹始于舜帝时代，到了周朝正式确立。随着秦始皇统一中国，废除六冕之制，十二章纹便杳无踪迹，直到汉明帝时期，才重现于帝王将相、达官显贵的礼服，成为历代帝王的服章制度，一直沿用到清朝结束。❷如今，封建王朝已不复存在，这些传统纹样不再是帝王将相的专属品，而是作为中国服饰的文化遗产被传承发扬，成为当代诸多设计师屡试不爽的国风元素。

十二章纹是舜基于对"自然—人—社会"多层次、多角度的思考凝练出的既美观又具深意的丰富意象，构成了一个庞大而复杂的生态系统，生动形象地体现了"天人合一"的思想，同时也涵盖了儒家与道家的观念。舜的品格非常近似于儒家的倡导，他恰恰是目前儒家思想所能追溯的源头，由此，他创制的十二章纹便蕴含了儒家"以德治国""等级分明"两大基本追求。此外，十二章纹中的一部分可被划分阴阳：日、龙具有"阳"的属性，月、华虫具有"阴"的属性；也有

---

❶ 周锡保.中国古代服饰史［M］.北京：中国戏剧出版社，1984：541.
❷ 李任飞.舜创制的十二章纹蕴含治国修身的神秘能量［N］.中国青年报，2019年11月8日.

一部分可被纳入五行：山对应土、藻对应木和水、火对应火、黼对应金。而阴阳学说产生于夏朝，是阴阳五行学说理论的基础，也是中国古代哲学的源流。由此可见，十二章纹可谓这些思想观念之雏形（见图1）。❶

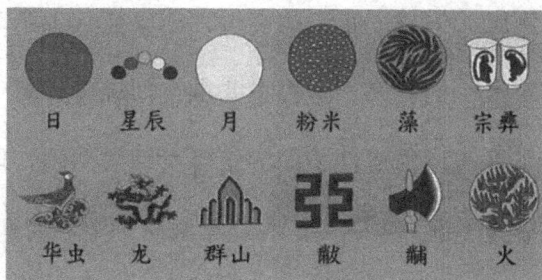

图1　十二章纹

十二章纹意蕴深远，可按照宇宙、国家、做人、做事四个层面进行归纳。朝代不同，其在服装上的运用规则也不尽相同，但基本上是日、月、星辰、山、龙、华虫饰于上衣，而下裳常用宗彝、藻、火、粉米、黼、黻。从明朝开始，十二章纹由上衣下裳的冕服转移至连为一体的圆领袍服。到了清朝，则完全转移至龙袍，且缀于其他纹饰之间，显得格外低调。宇宙层面有日、月、星辰，取其照临。依照古代学者的解释，三者为天地万物之主宰，是高大神圣的，日为光明，月表宁静，而星辰广布天际，暗指兼济天下、昭示祸福。三光照耀，象征着帝王皇恩浩荡，普照四方。一般情况下，日绘于上衣左肩，而月则绘于右

---

❶　崔文明．话说中国服饰［M］．北京：中国和平出版社，2012.

肩，二者意为"肩挑日月"。自隋朝起就有"肩挑日月，背负星辰"的冕服款式，令帝王意识到自身责任重大，必要日理万机，不可虚度光阴，荒废朝政。国家层面有山、龙、华虫。山，象征着广袤的疆土，有稳重、镇定之意，因此将其饰于衣裳隐喻江山永固；龙，取其应变，为王族男性的图腾，体现了帝王的高贵，亦象征其善于审时度势地处理国家大事和对人民的教诲；华虫，非虫，即雉鸡，羽毛五色，甚是优美，是中国早期与凤凰属性相同的王族女性的图腾，取其文丽，寓意王者有文章华美之德。雉鸡高洁，通常被绣于上衣肩部至袖子外侧，是神灵的象征，富有祥瑞之意，同时具有一定的神秘性。山（江山）、龙（男性）、华虫（女性）共同构成了国家的三大基本要素。做人层面有宗彝、藻、火。宗彝有两个层面的含义：一是祭祀用的礼器，含有供奉、忠孝之意；二是该礼器上绘制的虎与长尾猿的意象，前者意为勇敢凶猛，后者表示聪明伶俐；藻是水草，常年经受流水的冲刷洗礼，固有洁净之意，其在民间往往被用来借喻华丽的装饰；火，取其光明，且能温暖四方，热情向上，象征帝王光明磊落，如日中天，国家繁荣昌盛，发展如火如荼。做事层面有粉米、黼、黻。中国自古以农为本，粉米滋养民众，为本业，有求实务本的含义，绣于衣裳意在提醒帝王必须重视农桑，惜福养民，安邦治国；黼，为利斧，取其刚健果断、雷厉风行之意，用于增强礼服的庄严稳重之感，警示帝王需当机立断，懂得取舍；在十二章纹中，黻是唯一的抽象符号，由两个背对而立的"弓"字构成，既体现了古人的抽象思维能力，又表明了文字符号的重要性，是明辨是非、背恶向善、明察秋毫、知错能改的表现，同时暗示要具备识文断字的能力。有时，古代士人的服装只允许出现黻，后来还被用于帝王的"黻领"，可以起到提醒帝王、警示臣下的双重作用。

十二章纹是古人对世界系统认知的形象表达，经过漫长的发展与沉淀，其中的很多意象也发生了演变。最明显的是随着龙成为天意的化身、皇权的象征，其形象被不断丰富，其地位也被大大提高，直至明清时期，完全成为帝王服饰的主体纹样，最大限度地彰显了帝王的绝对权威。再比如，华虫作为最早的王族女性的图腾，逐渐被更加优雅绮丽的凤凰所取代，这其中蕴含了民族的交往与互融。

十二章纹凸显了古代的价值体系，不论帝王将相还是平民百姓，若具备了上述品格，便可在各个方面得到长远发展。十二章纹自问世以来就并非浮于表面，而是具有深刻的启示意义，其初衷是鞭策帝王臣僚励精图治、恪守本分、严于律己、不忘自省，寓意积极向上，充满美好希冀。但后世的诸多掌权者沉迷酒色，安于享乐，不知民间疾苦，十二章纹也随之被"形式主义""官僚主义"等不正之风所摧残，沦为其盛气凌人、自我标榜的装饰，完全没有发挥出其原本所蕴含的正能量，与舜的本意背道而驰。

历史学家钱穆曾说过："历史乃其外表，文化则是其内容。"十二章纹蕴含了丰富而深刻的文化内涵，透过其可在一定程度上了解古代的思想观念、政治体系及社会风貌。其作为宝贵的文化财富，不仅成为各领域设计师为传承发扬中华文化而推陈出新的创作素材，对于当代社会还具有深刻的现实意义，最重要的一点就是启示每个人只要脚踏实地地做好自己分内的事，就会对个人成长乃至国家发展产生积极影响。"艺术无国界"，包括十二章纹在内的传统纹样可作为中国与世界进行文化交流的载体，这种形象生动的方式有助于世界产生对中国的正确认知。在接受西方现代服饰语境的同时，我们理应更加自信，在时代精神和民族特色相统一的基础上大胆创新。

例二　如意纹符号的转化 ❶

　　"如意"源自梵语"阿娜律"，是"无灭"之意，代表修行者可超越生死，后来衍生为"如人心意"的美好内涵。如意纹，中国传统寓意吉祥图案的一种，按如意形作成的如意纹样，又名"如意云纹""如意云头纹"，造型上以如意头、灵芝为来源，形成了独特的云朵形状。如意纹往往不是独立出现的，常伴以牡丹、莲花、芭蕉叶、祥云、海浪等其他纹样，用来借喻"称心""如意"。它装点了古人日常所用的多种器物，例如漆器、瓷器、金银器、紫砂器等。随着文化交融衍变成华夏民族寓意吉祥的装饰物件及纹样造型。后其柄端逐渐发展，有灵芝形、云朵形、花瓣形等，于是，将类似如意柄端形状的图案通称为如意纹。它是随着一定时期、一定地域人们对这种如意造型的认同而逐渐演变发展成为一种约定俗成的符号；如意纹作为一种吉祥纹样为人们所喜爱，它被广泛应用于人们的衣食住行当中，成为一种祈福避灾的中

---

❶　赵春华，吴倩，万雷萌．"称心"如意［J］．中国服饰，2021（8）：26-27.

国人常见的吉祥符号。❶

　　如意纹由商螺旋纹和周云雷纹演变而来，在演变过程中随着时代的文化变迁和工艺技术提升而发展，如意纹的运用也由此慢慢清晰。

　　如意纹在秦汉已有雏形。汉代云纹兴盛，云气如意纹成为这个时期如意纹样的主要代表，其在装饰纹样造型上充当了装饰主角，独树一帜，尽显形态和意蕴。唐代时期云纹进一步发展，出现了广受大众欢迎的如意云纹。唐朝流行的女装襦、及胸长裙常饰以如意集合图案，表现了古人对天地法则的一种敬畏。如意纹发展到宋代，形成了具有宋代思想氛围的植物如意纹，"程朱理学"的思想规范让社会意识逐渐渗透到形式领域，对称的如意纹也被赋予了吉祥的象征寓意。❷

　　明代资本主义开始萌芽，手工业和商业的发达是发展和传播的纹样最好载体，如意纹吉祥和美好祝愿的符号意义也因此被大众广泛接受，成为常见的纹样之一，被广泛运用于服饰装饰、工艺美术和建筑设计上❸。这时期的如意纹搭配组合更加多样，与龙纹饰组合映衬出皇室地位，象征皇权神圣不可侵犯；与被赋予了美好寓意的动植物相互结合形成的装饰纹同样被民间广泛使用，如植物纹饰有海棠、松、竹、梅花等，被寄予君子之道的美好祝愿；与江牙海水纹饰结合象征着君臣天地

---

❶ 郝鸣，吴卫．六朝时期如意纹艺术符号初探［J］．陶瓷科学与艺术，2009，43（9）：33-35.

❷ 李砚祖．装饰之道［M］．北京：中国人民大学出版社，1993：60.

❸ 李砚祖．装饰之道［M］．北京：中国人民大学出版社，1993：60.

共生的概念等。❶

历史上如意纹在服饰装饰中的广泛运用表明了人们对于未来生活的希望和寄托，是理想的，同时又是现实性的，它以寓意的方式表征着人们该拜年生存环境的愿望和征服困难的意志以及坚勇不屈的力量，有着深刻的民族习俗、政治、宗教乃至审美的渊源（见图2）❷。

图2　汉代云气如意纹长寿绣局部（汉）

如意纹作为中国传统符号，无论是在品牌传播中作为文化符号向消费者传递品牌的文化理念，还是作为设计灵感和设计元素融入产品设计当中，都被赋予了美好的愿望和寄托。

珠宝品牌周生生在2021年推出了【筑】主题系列饰品，该系列以故宫博物院储藏文物中的"四合如意"纹样为设计灵感，寓意"富、贵、寿、喜"四合皆如意，品牌以现代审美解读经典元素，演绎宫廷美学的雅韵之美。（见图3）

---

❶ 李斐尔．明代服装如意云纹浅析［J］．流行色，2020：90–91.
❷ 田自秉，吴淑生，田青．中国纹样史［M］．北京：高等教育出版社，2003：149.

图3　周生生【筑】系列

　　中国传统与现代并存的旗袍设计师品牌槿爷东方设计的云清少女长旗袍将如意纹装饰于立领开襟处。设计师充分汲取了如意纹的吉祥之意，将其与旗袍的镶条装饰结合，增强了服饰的清新灵动感，呼应宋代朝服交领上的方心曲领，充满了对称与平衡的形式美感。让年轻消费者透过改良的如意纹符号感受到我国文化中的内敛含蓄之美（见图4）。

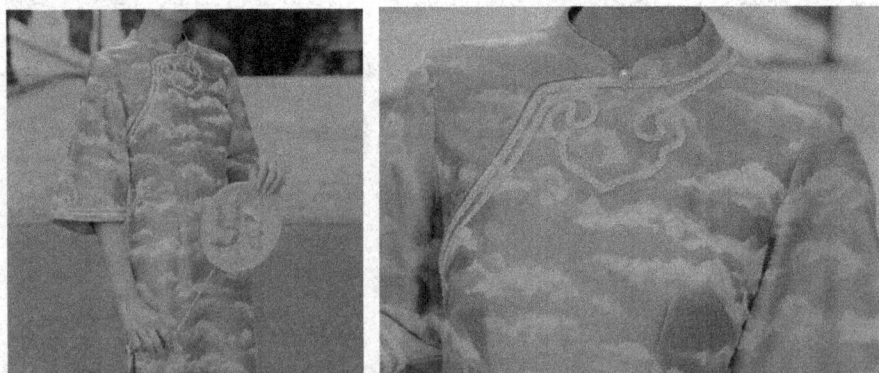

图4　槿爷东方品牌"云清少女"长旗袍

中华传统纹样种类繁多，不同的纹样有着对应的文化内涵，反映了当时的传统习俗及大众的审美观念。流传至今的传统纹样具有很强的生命力，发展的脚步未曾停歇。同时，中国传统纹样蕴含着丰厚的艺术哲学，在产品设计和传播过程中我们应该更多地发掘和展示其文化内涵，让它们在现代社会大放异彩，走到更广阔的天地。

后 记

　　时尚符号是人类文明发展的重要成果，其起源于人类对美的意识，最终通过文字、图形、图像、行为或观念等展示、诉说或影响着人们对于政治、历史、文化、宗教和艺术等的理解与认知。它是人类智慧、精神风貌、艺术成就与物质繁荣的表现。时尚符号从人类经验中提取出来，表达着多样化的信息，承担着社会编程的责任。时尚符号表征让人类智慧以高度集中、高度浓缩的样态传承下去，它为人们深刻理解一个民族、区域或国家提供了稳定的、连续的、可追溯的、可记录的样本。本书从时尚符号的起源、理论基础、思想精髓、发展脉络、符号表征、现代传承与表现、媒介转化与创新等多个维度进行解析和例证。

　　在本书撰写过程中，北京服装学院时尚传播专业 2020 级的万雷萌和吴倩、2019 级的张雨漾和龚俊杰、2021 级的曾庆威几位硕士研究生参与了资料收集和案例整理工作，在此表示感谢。

时尚传播作为新兴学科，相关研究还处在初始阶段，需要全体同人的共同努力。不畏艰难，砥砺前行，兼容并蓄，守正出奇，在吸收与借鉴的过程中，不断突破与创新，也许我们会开拓更广阔的天地。

赵春华

于北京服装学院

2022 年 6 月 1 日